Piet van Breemen SJ

# ERFÜLLT VON GOTTES LICHT

Piet van Breemen SJ

# Erfüllt von Gottes Licht

Eine Spiritualität des Alltags

**echter**

Originalausgabe: »Let All God's Glory Through«
Paulist Press, Mahwah, N. J., U.S.A., 1994.
Übersetzung ins Deutsche: Sr. M. Mechthild, S.Sp.S.d.A.P.

Die Deutsche Bibliothek – CIP-Einheitsaufnahme

*Breemen, Piet van:*
Erfüllt von Gottes Licht : eine Spiritualität des Alltags /
Piet van Breemen. [Übers. ins Dt.: M. Mechthild]. –
Würzburg : Echter, 1995
   Einheitssacht.: Let all God's glory through <dt.>
   Aus dem Amerikan. übers.
   ISBN 3-429-01703-3

Imprimatur: Los Gatos, CA, U.S.A., 1. November 1993
John A. Privett, S.J., Provinzial

© 1995 Echter Verlag Würzburg
Umschlag: Ernst Loew
Gesamtherstellung: Echter Würzburg
Fränkische Gesellschaftsdruckerei und Verlag GmbH
ISBN 3-429-01703-3

# INHALT

5. Teil

# VERWEILEN IN UNZUGÄNGLICHEM LICHT

6. Teil

# DAS ÖSTERLICHE GEHEIMNIS

7. Teil

# DIE GABE DER DANKBARKEIT

# ZUR EINFÜHRUNG

Wie können wir unseren christlichen Glauben und den Alltag enger zu einer Einheit zusammenführen? Es sieht manchmal so aus, als ob der Glaube sich mehr und mehr in einen immer kleineren privaten Winkel zurückzöge. Diese Kluft zwischen Evangelium und täglichem Leben belastet viele Christen; sie macht unser eigenes Leben und die moderne Welt so viel ärmer.

Wie können das Lebensgefühl, die Errungenschaften und die Probleme der heutigen Menschheit den Glauben befruchten? Wie können die Freude, der Friede und die Kraft der Frohbotschaft klarer auf unsere Welt einwirken? »Mit dem Himmelreich«, sagt Jesus, »ist es wie mit dem Sauerteig, den die Frau unter einen großen Trog Mehl mischte, bis das Ganze durchsäuert war« (Mt 13,33).

In diesem Anliegen scheint die Transparenz ein Kernbegriff zu sein, denn sie setzt das Maß, in dem Gottes Herrlichkeit in der Welt zum Durchbruch kommen kann. Die Meditationen dieses kleinen Buches versuchen, verschiedene Mittel und Wege zu finden, um uns durchlässiger zu machen für die Herrlichkeit Gottes, damit wir unser Leben gläubiger und unseren Glauben lebendiger gestalten können.

Viele Erfahrungen mit einer großen Zahl von Menschen, vor allem die engen Kontakte mit den Jesuiten, die in den vergangenen Jahren in Berlin ihr Terziat gemacht haben, sind in diese Betrachtungen eingeflossen. Das letztere erklärt die ausdrücklichere Benutzung ignatianischer Quellen; Lesern meiner früheren Bücher wird das auffallen. Ich danke allen, die mir ihr Vertrauen geschenkt und ihren Glauben und ihre Schwierigkeiten mit mir geteilt haben.

*P. Piet van Breemen SJ*

# 1. Teil

# UNTER GOTTES BLICK

# ERSTES KAPITEL

## Schaue mich an, so daß ich dich liebe

Eine Frau vertraute einmal einer kleinen Marriage-Encounter-Gruppe an: »Schaut mein Mann mich an, bin ich um so viel größer und reicher, als wenn ich mich selbst anschaue. Es ist, als ob Fähigkeiten geweckt würden, die in mir schlummern.« Und ihr Mann fügte hinzu: »Wenn ich den liebevollen Blick meiner Frau auf mir ruhen fühle, spüre ich, daß ich innerlich wachse. Dieses Gefühl habe ich nicht, wenn ich mich selbst im Spiegel betrachte.«
Was dieses Paar in schlichten, direkten Worten aussagte, drückt der Dichter Friedrich Rückert in gedrängter Poesie aus:

Du meine Seele, du mein Herz,
du meine Wonn', o du mein Schmerz,
du meine Welt, in der ich lebe,
mein Himmel du, darein ich schwebe,
o du mein Grab, in das hinab
ich ewig meinen Kummer gab!
Du bist die Ruh', du bist der Frieden,
du bist der Himmel mir beschieden.
Daß du mich liebst, macht mich mir wert,
dein Blick hat mich vor mir verklärt.
Du hebst mich liebend über mich,
mein guter Geist, mein bess'res Ich.[1]

9

Das ist keine seltene Erfahrung. Jean Vanier charakterisiert Liebe mit diesen Worten: »Jemandem seine eigene Schönheit zum Bewußtsein bringen.« Es ist eine tiefe Einsicht, wenn uns aufgeht, daß wir einen anderen brauchen, um fähig zu werden, unsere eigene Schönheit zu entdecken. Der hl. Ignatius macht sich das zunutze, wenn er rät, vor Beginn unseres Gebetes innezuhalten und uns bewußt zu werden, wie Gott uns anschaut: Ein oder zwei Schritte vor dem Ort, wo ich zu betrachten oder mich zu besinnen habe, stelle ich mich für die Dauer eines Vaterunsers hin, indem ich den Verstand nach oben erhebe und erwäge, wie Gott, unser Herr, mich anschaut usw. Und einen Ehrerweis oder eine Verdemütigung machen (EB 75).

Wie man diesen kurzen Akt konkret gestaltet, wird von Mensch zu Mensch verschieden sein und von der je eigenen Kreativität und Frömmigkeit abhängen.

Man kann sich dieses liebenden Blickes Gottes auf vielerlei Weise immer neu bewußt werden. Eine kleine persönliche Liturgie, die uns mit Leib und Seele in das eigentliche Gebet eintreten läßt, wird uns helfen, unser Gebet echter und stiller werden zu lassen, und dazu beitragen, weniger zerstreut zu sein. Die eigentliche Mitte dieser persönlichen Eingangsliturgie sollte stets Gottes Blick sein, der mich voll Liebe ansieht, mir An-sehen gibt. Immer sollte auch ein körperlicher Ausdruck der Ehrfurcht hinzukommen. Genau das ist der weise Rat des Ignatius.

Von Zeit zu Zeit wird es gut sein, länger und ganz bewußt unter diesem liebenden Blick Gottes zu verweilen. Was immer dabei an Freuden und Leiden, Erfolgen und Mißerfolgen, Träumen und Plänen, Ängsten und Wünschen hochkommt, kann man dann ruhig Gott anheimgeben. Der Schwerpunkt dieses Gebetes ist einfach: Gott schaut mich in Liebe und Wohlwollen an und freut sich an meinem Da-Sein. Ich bin sein »Augen-Blick« (Heinrich Schlier). Die Worte des Propheten Zefanja können vorbehaltlos gelten: Jahwe, dein Gott, ist in deiner Mitte, ein siegreicher Held. Er freut sich über dich voll Freude, er schafft dich neu in seiner Liebe, er springt auf deinetwegen in Jauchzen wie an den Tagen der Feste (3, 17–18: JB).

Der Prophet stellt uns das Bild Gottes, der jauchzend aufspringt, unsertwegen vor Freude tanzt, vor Augen. Unser Gebet darf diese jubelnde Liebe des Herrn auskosten, sich sonnen in der Wärme dieser Liebe. Wir bitten um die Gnade, in dieser göttlichen Gegenwart ohne Furcht zu verweilen, wenn auch in einem tiefen Gefühl heiliger Scheu.

In Gen 16 wird berichtet, daß Saras schwangere Magd Hagar von ihrer Herrin so hart behandelt wird, daß sie in ihrer Verzweiflung von ihr fort in die Wüste flieht. Dort erscheint ihr unter sehr dramatischen Umständen Jahwe und verspricht ihr überreiche Erhörung all ihrer Bitten. So nennt Hagar den Herrn: »Gott, der nach mir schaut«, und sie ruft jubelnd aus: »Ich habe nach dem geschaut, der nach mir schaut«. Auch wenn unsere Situation nicht so ausweglos ist wie die Hagars und wir Gott nicht schauen können wie sie, dürfen wir doch gewiß sein, daß Gott in Glück und Unglück mit uns ist. Auch für uns ist der Heilige Israels »Gott, der nach mir schaut«.

In Psalm 80 rufen wir wie in einem Refrain dreimal zu Gott: »Laß dein Angesicht leuchten, dann ist uns geholfen« (V. 4.8. 20). In diesen Worten liegt die Gewißheit, daß Gottes Blick uns Hilfe bringen wird. Ähnlich drückt Ps 33 die Glaubensüberzeugung aus, daß Gott nicht unseren Tod will, sondern daß wir *leben:* »Das Auge des Herrn ruht auf allen, die ihn fürchten und ehren, die nach seiner Güte ausschauen; denn er will sie dem Tod entreißen und in der Hungersnot ihr Leben erhalten« (V. 18–19).

In Psalm 139 wird der Blick Gottes auf noch innigere Weise geschildert: »Denn du hast mein Inneres geschaffen, mich gewoben im Schoß meiner Mutter. Ich danke dir, daß du mich so wunderbar gestaltet hast. Ich weiß: Staunenswert sind deine Werke. Als ich geformt wurde im Dunkeln, kunstvoll gewirkt in den Tiefen der Erde, waren meine Glieder dir nicht verborgen« (V. 13–15).

Wie so viele andere drücken diese Psalmen ein tiefverwurzeltes, durch Generationen betender Menschen gewachsenes Wissen aus, daß von Gottes Blick göttliche Güte ausströmt. Es ist gut, unter diesem Blick zu verweilen. Wenn wir diese Psalmen betrachten, werden wir die Angst vor

Gott, die wir vielleicht in uns tragen und die so schwer auszutreiben ist, leichter überwinden.

Im deutschen Stundengebet beten wir in den Laudes vom Donnerstag einen Hymnus, der diese frohe Botschaft so zusammenfaßt:

> Ein Auge schaut auf uns herab,
> das über unsrem Leben wacht:
> es sieht voll Güte unser Tun
> vom frühen Morgen bis zur Nacht.

Damit wird uns keineswegs eine heile Welt vorgegaukelt. Die Schrift weiß vom Bösen in der Welt und im Menschen. Aber eben davon will sie uns befreien und erlösen; jedoch nicht durch Drohung, denn diese trägt immer die Gefahr der Verdrängung in sich, sondern mit Güte. Die Schrift deckt zwar das Böse nicht einfach zu, läßt aber doch vertrauensvoll aufatmen.

Im Hymnus der Laudes vom Mittwoch kommt dies sehr schön zum Ausdruck:

> So soll, was in uns dunkel ist,
> was schwer uns auf dem Herzen liegt,
> aufbrechen unter deinem Licht
> und dir sich öffnen, Herr und Gott.
> Blick tief in unser Herz hinein,
> sieh unser ganzes Leben an:
> noch manches Arge liegt in uns,
> was nur dein Licht erhellen kann.

Der hl. Augustinus betet mit festem Vertrauen: »*Aspice me ut diligam te* – Schaue mich an, so daß ich dich liebe.« Er zweifelt nicht an der gütigen Liebe Gottes und auch nicht daran, daß sie in uns das Beste wecken wird: unsere Liebe zu ihm.

Eine flämische Zisterzienserin, die selige Beatrix von Nazaret († 1268) bittet in einem ihrer schlichten, doch tiefen Gebete:

> Lehre mich beten, Herr.
> Du siehst alles,

Du hörst alles,
Du weißt alles,
Du durchlebst alles mit mir,
Du bist ja mein Gefährte und mein Bräutigam.
Nichts ist dir verborgen,
Deine Liebe zu mir ist Licht,
Und in diesem Licht siehst du alles.

Aus diesem Gebet spricht eine große Freude: die Freude, durch und durch gekannt zu sein, und zwar im Licht der Liebe. Da ist keine Spur von Angst, sondern tiefe Geborgenheit im Wissen, in Liebe gekannt zu sein. Wie viele Menschen leiden darunter, *nicht* verstanden, nicht gekannt zu sein, nicht wahrgenommen, beachtet zu werden! Welche Sehnsucht lebt doch in uns allen, uns einem liebenden Menschen anvertrauen zu dürfen in der absoluten Gewißheit, wirklich verstanden und angenommen zu sein! Aber haben wir vergessen, daß immer jemand an der Tür unseres Herzens steht und anklopft und mit uns Mahl halten möchte (vgl. Offb 3,20)? Dieser Eine kennt uns durch und durch im gütigen Licht verstehender Liebe.

Im Jahr 1835 hielt John Henry Newman, damals Pfarrer der anglikanischen Universitätspfarrei St. Mary the Virgin in Oxford, eine hervorragende, noch heute berühmte Homilie über »Eine besondere Vorsehung, wie sie uns das Evangelium offenbart«. Gegen Ende sagt er:

> Gott sieht dich persönlich, wer auch immer du bist. Er »ruft dich bei deinem Namen« (Jes 43,1). Er sieht dich und versteht dich, er ist ja dein Schöpfer. Er weiß, was in dir vorgeht, er weiß um all dein persönliches Fühlen und Denken, deine Anlagen und Neigungen, deine Stärke und deine Schwäche. Er sieht dich in den Tagen der Freude und in den Tagen der Trübsal. Er nimmt teil an deinen Hoffnungen und deinen Versuchungen. Er ist Mitwisser aller deiner Ängste und Erinnerungen, des Auf und Nieder deiner Stimmungen. Er hat die Haare deines Hauptes gezählt, er kennt das Maß deiner Körperlänge. Er umschließt dich und trägt dich in seinen Armen; er hebt dich auf und setzt dich nieder. Ihn kümmert dein

Angesicht, ob es nun lächelt oder weint, ob es gesund oder krank erscheint. Sein zärtlicher Blick trifft deine Hände und deine Füße. Er vernimmt deine Stimme, lauscht dem Pochen deines Herzens, ja achtet auf deinen Atem. Du liebst dich nicht mehr, als er dich liebt.[2]

Spontan möchte ich den letzten Satz ergänzen mit den Worten: Für Gott ist es leicht, uns mehr zu lieben als wir uns selbst lieben. Denn die weitaus meisten Menschen lieben sich selbst gar nicht so sehr und müssen immer wieder von anderen bestätigt und von sich selbst verhätschelt werden, um einigermaßen über die Runden zu kommen.

Gott kennt aber auch unsere Schattenseiten. Jedoch ist dieses Wissen aufgenommen in seine Liebe. Das kann uns eine Hilfe sein, uns unserem Schatten zu stellen und ihn anzunehmen. Zu unserer großen Überraschung werden wir dann entdecken, daß er nach den Worten von C. G. Jung zu 90 Prozent aus Gold besteht. Ja, »laß dein Angesicht leuchten, dann ist uns geholfen«.

Wir sind oft voll Angst, uns der Gefahr auszusetzen, nicht verstanden zu werden. Diese natürliche Furcht kann uns dazu verleiten, eine Rolle zu spielen, um uns abzuschirmen. Sie kann uns dazu treiben, eine Maske zu tragen, hinter der wir ein Stück Sicherheit suchen. Wie befreiend ist jedoch das Wissen, daß wir Gott gegenüber keine Maske brauchen, weil er uns bereits kennt, versteht und annimmt! »Deine Liebe zu uns ist Licht, und in diesem Licht siehst du alles.« Ihm gegenüber können wir es uns leisten, restlos ehrlich zu sein. Das ist das Privileg des Gebetes: Es muß nicht fromm sein, *darf* und *soll* aber ehrlich sein. Entscheidend ist, daß in unserem Gebet alles das Gute und das Schlechte und die Grauzone vor Gott gebracht wird, ausgebreitet ist vor seinem Blick. Darin liegt Heilung.

Sind wir verwirrt oder unsicher, kann es uns großen Trost schenken, daß Einer »alles über uns weiß«, daß Einer uns wirklich durchschaut mit absoluter Klarheit und daß dieser Eine uns nie fallen läßt, sondern in unverbrüchlicher Treue zu uns steht, so wie wir sind (und nicht, wie wir sein sollen). Wenn Menschen uns zu hoch einschätzen, empfinden wir dies als unecht, vielleicht auch als Überforderung, die ent-

mutigend wirkt. Werden wir dagegen zu niedrig eingeschätzt, sind wir beleidigt und möchten uns behaupten. Wie
selten werden wir richtig eingeschätzt!

Als Dietrich Bonhoeffer in dem berüchtigten Nazi-Gefäng-
nis in Berlin-Tegel inhaftiert war, gab er seinem inneren Rin-
gen in einem Gedicht Ausdruck. In der letzten Strophe deutet er verhalten an, wo er in dieser schmerzlichen Prüfung inneren Halt fand. Die meisten seiner Briefe und Schriften, die
im Gefängnis entstanden, sind Ausdruck seines tiefen, zuweilen umwälzenden Denkens. Dieses sehr persönliche Gedicht jedoch enthüllt etwas von seinem innersten Empfinden:

*Wer bin ich?*
Wer bin ich? Sie sagen mir oft,
ich träte aus meiner Zelle
gelassen und heiter und fest,
wie ein Gutsherr aus seinem Schloß.

Wer bin ich? Sie sagen mir oft,
ich spräche mit meinen Bewachern
frei und freundlich und klar,
als hätte ich zu gebieten.

Wer bin ich? Sie sagen mir auch,
ich trüge die Tage des Unglücks
gleichmütig, lächelnd und stolz,
wie einer, der Siegen gewohnt ist.

Bin ich das wirklich, was andere von mir sagen?
Oder bin ich nur das, was ich selbst von mir weiß?
Unruhig, sehnsüchtig, krank, wie ein Vogel im Käfig,
ringend nach Lebensatem, als würgte mir einer die Kehle,
hungernd nach Farben, nach Blumen, nach
        Vogelstimmen,
dürstend nach guten Worten, nach menschlicher Nähe,
zitternd vor Zorn über Willkür und kleinlichste
        Kränkung,
umgetrieben vom Warten auf große Dinge,
ohnmächtig bangend um Freunde in endloser Ferne,
müde und leer zum Beten, zum Denken, zum Schaffen,
matt und bereit, von allem Abschied zu nehmen?

Wer bin ich? Der oder jener?
Bin ich denn heute dieser und morgen ein andrer?
Bin ich beides zugleich? Vor Menschen ein Heuchler
und vor mir selbst ein verächtlich wehleidiger
    Schwächling?
Oder gleicht, was in mir noch ist, dem geschlagenen
    Heer,
das in Unordnung weicht vor schon gewonnenem Sieg?

Wer bin ich? Einsames Fragen treibt mit mir Spott.
Wer ich auch bin, Du kennst mich, Dein bin ich,
    o Gott![3]

Gottes Blick gibt uns nicht nur Ansehen, er schenkt uns auch Geborgenheit. Diese Geborgenheit läßt uns immer wieder neue Grenzen überschreiten in ein sich mehr und mehr entfaltendes, reicheres Leben hinein. Der allwissende und allumfassende Blick Gottes läßt unsere Fähigkeiten aufbrechen und setzt Kräfte frei, die sonst brachlägen.
Das schönste Beispiel ist hier sicherlich Jesus selbst. Die Geborgenheit in der Einheit mit seinem Vater machte ihn bis zum äußersten kontakt- und auch konfliktfähig. Beide, Kontakte wie Konflikte, sind heilbringend: Sie wollen das Beste und Edelste im Menschen zur Entfaltung bringen.
Über die Geborgenheit hinaus schenkt uns das Auge Gottes das Dasein selbst. Sein Blick ist im eigentlichsten Sinn des Wortes schöpferisch. Romano Guardini betet:

Immerfort empfange ich mich aus Deiner Hand.
Das ist meine Wahrheit und meine Freude.
Immerfort blickt mich Dein Auge an,
und ich lebe aus Deinem Blick,
Du mein Schöpfer und mein Heil.
Lehre mich in der Stille Deiner Gegenwart
das Geheimnis verstehen, daß ich bin.
Und daß ich bin durch Dich
und vor Dir und für Dich.[4]

Spätestens seit dem Orakel von Delphi hat der Mensch immer wieder versucht, sich selbst besser zu erkennen. Unsere Zeit hat dazu neue Zugänge entdeckt und moderne Methoden geschaffen. Unter dem Blick Gottes jedoch, in diesem Licht, das bedingungslose Liebe ist, können uns wesentlichste Einsichten geschenkt werden: wer wir sind, woher wir kommen, welchen Sinn unser Leben hat, welche Möglichkeiten wir in uns tragen, wozu wir eingeladen und herausgefordert werden.

In Gottes Blick liegt eine Fülle der Liebe: *Seine* Liebe, die uns ständig ins Dasein hinein liebt, und *unsere* Liebe, die er unaufhörlich gewinnen will als die Erfüllung unseres Lebens. Was im Alten Testament über den Bund zwischen Jahwe und dem auserwählten Volk gesagt wird, gilt im Neuen Testament einem jeden einzelnen Menschen. Wir alle dürfen das ganz persönlich auf uns selbst beziehen. So lesen wir bei Ezechiel: »Da kam ich an dir vorüber und sah dich, und siehe, deine Zeit war gekommen, die Zeit der Liebe« (Ez 16,8). Im Hohenlied heißt es: »Ich gehöre meinem Geliebten, und ihn verlangt nach mir« (Hld 7,11). So mancher Exerzitant hat am Anfang der Geistlichen Übungen Stunden oder auch Tage mit den letzten vier Worten dieses Verses verbracht. Sich gläubig darauf einlassen und sie sehr persönlich auf sich wirken lassen, das führt in eine erfüllende, befreiende Weite.

Bekannt ist auch der Text bei Hosea, wo Jahwe von Israel (und damit von einem jeden von uns) sagt: »Darum will ich selbst sie verlocken. Ich will sie in die Wüste hinausführen und sie umwerben« (2,16). Umwerben heißt, alles nur immer Mögliche tun, um die Liebe des anderen zu wecken, ohne jedoch etwas zu erzwingen. *Gott* möchte *unsere* Liebe gewinnen. Wir sind wertvoll und kostbar in seinen Augen. Wir bedeuten Gott sehr viel. Sein Werben ist ohne Gewalt, denn echte Liebe kann nicht erzwungen werden. Aber er tut alles, um uns seine Liebe zu bezeugen und die unsere zu gewinnen. »Ich traue dich mir an auf ewig; ich traue dich mir an um den Brautpreis von Gerechtigkeit und Recht, von Liebe und Erbarmen, ich traue mich dir an um den Brautpreis meiner Treue: Dann wirst du den Herrn erkennen« (Hos 2,21–22). Der Bund, den Gott ersehnt und uns anbietet, wird in Bildern von großer Intimität gezeichnet.

In Jesus sehen wir, wie Gott uns ansieht. Den reichen jun-

17

gen Mann sah er liebevoll an (Mk 10,21). Aus dem Blick seiner Augen erkannte die Sünderin noch ehe Jesus ein einziges Wort zu ihr gesagt hatte, daß er sie nicht verurteilte und sie vor ihm ihre Maske ablegen konnte; das tat sie auch ohne Hemmung (Lk 7,36–50). Als Jesus die Frau, die beim Ehebruch ertappt worden war, fragte, ob sie niemand verurteilt habe, und dann hinzufügte: »Auch ich verurteile dich nicht«, muß sie in seinen Augen den Himmel selbst geschaut haben (Joh 8,1–11).

Jesu Blick vermag Reue aufbrechen zu lassen. Judas machte sich für diesen Blick unempfindlich; Petrus dagegen fand in ihm seine Rettung: »Da wandte sich der Herr um und blickte Petrus an. Und Petrus erinnerte sich an das, was der Herr zu ihm gesagt hatte: Ehe heute der Hahn kräht, wirst du mich dreimal verleugnen. Und er ging hinaus und weinte bitterlich« (Lk 22,61–62).

Ein Kommentar über diese Textstelle von Anthony de Mello SJ († 1987) soll dieses Kapitel abschließen:

### Jesu Blick

Ich hatte ein ziemlich gutes Verhältnis zum Herrn. Ich pflegte ihn um Dinge zu bitten und mich mit ihm zu unterhalten, ihn zu loben und ihm zu danken.

Aber ich hatte stets das unangenehme Gefühl, er wolle mich veranlassen, ihm in die Augen zu sehen. Und ich wollte nicht. Ich redete zwar, blickte aber weg, wenn ich spürte, daß er mich ansah. Immer sah ich weg, und ich wußte warum. Ich hatte Angst, einen Vorwurf dort zu finden wegen irgendeiner noch nicht bereuten Sünde. Ich dachte, ich würde auf eine Forderung stoßen: irgend etwas wollte er wohl von mir.

Eines Tages faßte ich Mut und blickte ihn an. – Da war kein Vorwurf. Da war keine Forderung. Die Augen sagten nur: ›Ich liebe dich.‹ Ich blickte lange in diese Augen, forschend blickte ich in sie hinein. Doch die einzige Botschaft lautete: ›Ich liebe dich.‹ Und ich ging hinaus und weinte wie Petrus.[5]

# 2. Teil

# DAS BÖSE BEWÄLTIGEN

ZWEITES KAPITEL

## Gott auf Distanz

Anthony de Mellos Erzählung bringt, da sie knapp formuliert, was wir alle fühlen, in der Seele der meisten Menschen eine Saite zum Schwingen. Wir spüren eine tiefe Sehnsucht nach wirklicher Vertrautheit mit Gott, und so bricht auch in unserem Herzen das drängende Verlangen auf, das den hl. Augustinus beten ließ: »Unruhig ist unser Herz, bis es ruht in dir.« Jeder von uns sehnt sich danach, vorbehaltlos geliebt zu werden. Allein in Gott findet dieses Sehnen seine Erfüllung; denn Gott ist diese vorbehaltlose Liebe.

Doch auch Gegenkräfte behaupten sich. Wir haben Angst vor Gott und fürchten uns, ihm nahe zu kommen. Anstatt wirklich vertraut zu sein mit ihm, beschränken wir uns auf »ein ziemlich gutes Verhältnis«. Wir machen uns selbst weis, daß dies genügt. Wie viele Fromme halten sich Gott vom Leibe! Irgendwie balancieren wir zwischen unserem Verlangen nach Gott und unserer Abwehr gegen ihn. Wir »bitten um Dinge, unterhalten uns mit ihm, loben ihn und danken ihm« und halten Abstand. Wir verlangen nach Gottes Liebe und laufen ihr doch davon, weil es nicht leicht ist, sich wirklich so grenzenlos lieben zu lassen. Wir suchen und fliehen Gott zur gleichen Zeit.

Diese beiden Bewegungen vollziehen sich jedoch nicht in gleich bewußtem Maß. Ich nehme an, daß bei den meisten Lesern dieser Zeilen die Bewegung *von Gott weg* sich eher

19

verhüllt und unbewußt vollzieht, während die Bewegung *auf Gott hin* viel gewollter und bewußter vollzogen wird. Bei manchen Menschen mag das Gegenteil der Fall sein, doch diese werden wohl kaum zu einem Buch wie dem vorliegenden greifen. Der Gegensatz von Liebe ist weniger Haß als vielmehr Gleichgültigkeit. Hinter solcher Indifferenz verbirgt sich bei uns oft der Widerstand gegen Gott. Auch gute Christen richten ihr Leben gelegentlich so ein, daß Gott nur eine begrenzte Rolle darin spielt. Ohne Zweifel sind viele Menschen sich dessen nicht bewußt. Sie wären schockiert, wenn sie ihr Verhalten durchschauen könnten. Es mag sein, daß wir uns für fromm halten, oft über Gott sprechen (oder vielleicht auch nicht), uns religiös betätigen, unsere Dienste, wo sie benötigt werden, freiwillig anbieten, uns Zeit zum Gebet nehmen und täglich zur Messe gehen. Und doch wird unser Leben, weit mehr als wir wahrhaben wollen, von einer Flucht vor Gott bestimmt. Unser Leben kann spirituell sehr aktiv sein und doch wenig Raum für Gott übriglassen. Schlimm ist dabei, daß wir uns nicht einmal bewußt sind, wie sehr unsere Betriebsamkeit uns von Gott fernhält. Mit unseren frommen Aktivitäten errichten wir ein sehr funktionstüchtiges Abwehrsystem gegen Gottes vorbehaltlose Liebe, die, wie wir intuitiv spüren, am Ende doch in die bedingungslose Hingabe hineinführen wird. So kann Religion zu einer Abschirmung gegen Gott werden.[1]

Wenn wir Gott wirklich in unser Leben einlassen, wenn wir Gott wahrhaft Gott sein lassen, müßten viele unserer Gedanken und Handlungen sich ändern. Ohne das ausdrücklich zuzugeben – vielleicht behaupten wir sogar das Gegenteil –, sind wir möglicherweise zu dieser Wandlung gar nicht bereit. So halten wir mit all unserer Frömmigkeit Gott in sicherem Abstand. Je näher wir Gott kommen, um so mehr entdecken wir, welch gewaltige Barrikade wir errichten, um uns vor dem Allheiligen zu schützen. Wir klammern uns an unsere Aktivitäten, unsere Beziehungen, unsere Karriere, unseren Ruf, unsere Überzeugungen, unser Aussehen und unsere Gesundheit. Wir finden darin unsere Sicherheit und unseren Selbstwert und verschanzen uns hinter all dem. Dabei verlieren wir die innere Freiheit, Gott wirklich Gott sein zu lassen und das Reich Gottes zu unserer ersten Priorität zu machen.

### Kehrt um

Während seines öffentlichen Auftretens ging Jesus frontal gegen diese Haltung an. Seine ersten Worte, wie das Markusevangelium sie aufzeichnet, lauten: »Die Zeit ist erfüllt, das Reich Gottes ist nahe. Kehrt um und glaubt an das Evangelium« (1,15). Im ganzen gesehen wäre diese Botschaft eine ermutigende Botschaft, wenn nicht das Wort »kehrt um« in seiner kurzen, scharfen Deutlichkeit in der Mitte stünde und so unmißverständlich einen tiefgehenden Wandel von Herz und Haltung forderte. Dieses kleine Wort bereitet uns Schwierigkeiten, auch wenn es in verheißungsvollem Rahmen steht. Man könnte versuchen, es hinwegzudiskutieren, und zu bedenken geben, daß es ganz am Anfang der Predigttätigkeit Jesu steht und daß jeder Anfänger, wie man sehr wohl weiß, Fehler macht. Das wäre aber ein verhängnisvoller Versuch; denn die metanoia ist ja nicht nur zeitlich das erste Wort der Verkündigung Jesu, sondern bleibt auch inhaltlich bis zum Schluß die erste seiner Forderungen. Im Lauf seines Lebens kommt Jesus sogar immer eindringlicher darauf zurück. Außerdem fordert er, wie sein Vorläufer Johannes der Täufer, diese Umkehr in besonderer Weise auch von den Frommen und Gesetzestreuen.

So finden wir im Lukasevangelium den Bericht über die große Bestürzung der Menschen, die zu Jesus kamen, weil Pilatus den Tod einiger Galiläer angeordnet und deren Blut mit dem der Tiere, die sie opfern wollten, vermischt hatte. Für die Juden ist Blut als Träger des Lebens heilig (vgl. Lev 17,14). Das Buch Levitikus gibt bis ins einzelne gehende Bestimmungen, wie mit Blut umzugehen ist. In ihrem Verständnis war ein Vermischen von menschlichem (ganz zu schweigen jüdischem) Blut mit dem von Tieren ein schockierendes Sakrileg. Die Leute, die voll Bestürzung zu Jesus kamen, meinten wahrscheinlich, das sei nun der letzte Tropfen, der das Faß zum Überlaufen bringen würde; nun sei der Zeitpunkt für eine Revolte gegen die Römer gekommen. Jesus aber reagiert anders. Er forderte eine Revolution, ja, doch nicht gegen die Fremdherrschaft der Römer, sondern gegen die Fremdherrschaft des Bösen in jedem Menschen. Das war und ist eine weit radikalere Revolution. »Meint ihr, daß nur diese Galiläer Sünder waren, weil das mit ihnen geschehen ist, alle anderen Galiläer aber nicht? Nein, im Gegenteil: Ihr alle werdet genauso umkommen, wenn ihr euch nicht bekehrt« (Lk 13,2–3). Dann fügt Jesus hinzu: »Oder jene achtzehn Menschen, die beim Einsturz des Turms von Schiloach erschlagen wurden – meint ihr, daß nur sie Schuld auf sich geladen hatten, alle anderen Einwohner von Jerusalem aber nicht? Nein, im Gegenteil: Ihr alle werdet genauso umkommen, wenn ihr euch nicht bekehrt« (Lk 13,4–5).

In der lukanischen Reihenfolge wird nun die ermutigende Parabel vom unfruchtbaren Feigenbaum im Weinberg erzählt. Der Gärtner tritt für den Baum ein: »Herr, laß ihn dieses Jahr noch stehen; ich will den Boden um ihn herum aufgraben und düngen. Vielleicht trägt er doch noch Früchte.« Trotz all seiner Güte muß er aber doch hinzufügen: »... wenn nicht, dann laß ihn umhauen« (Lk 13, 6–9).

Lukas führt in seiner feinsinnigen Komposition als nächstes die Heilung einer seit achtzehn Jahren verkrüppelten Frau auf, deren Rücken ganz und gar verkrümmt war. Die eigentliche Botschaft dieses Abschnitts ist, daß der Sabbat für den Menschen da ist und nicht der Mensch für den Sabbat und daß der Menschensohn Herr über den Sabbat ist. Daß Jesus die engstirnige, lieblose Interpretation des Sabbat gerade durch diese bestimmte Heilung durchbricht, ist bedeutungsvoll. Die Frau, die so viele Jahre gebeugt war, konnte nicht aufrecht stehen. Sie lebte in einer kleinen Welt, die ihr jeden Ausblick verwehrte; sie konnte nur noch ihre Füße sehen. Für die anderen war und blieb sie minderwertig, kaum fähig zu einem Augenkontakt; immer war sie die Unterlegene, die nur mühsam aufzublicken vermochte, ganz zu schweigen von den körperlichen Schmerzen, die sie in den achtzehn Jahren zu erdulden hatte. Die Tradition interpretiert ihr Unglück als Sinnbild der Sünde: der niedergebeugte Mensch, im Ich gefangen.[2] Bekehrung heißt dann also – und das ist die verhaltene Botschaft des Evangelisten in diesem Kontext –, den aufrechten Gang und die menschliche Würde einer Person wiederherstellen. Lukas zeigt so den befreienden, erfüllenden Aspekt der Bekehrung ansprechend und ausdrucksstark auf.

Dieser Dreiklang im Lukasevangelium ist bei weitem nicht der einzige Schrifttext, der die Umkehr (griechisch *metanoia*) herausstellt. Als Jesus am Palmsonntag unter dem Jubelgeschrei der Menge in Jerusalem einzieht, bricht er plötzlich über die Stadt in Tränen aus, weil sie »nicht erkannt hatte, was ihr den Frieden bringt« (Lk 19 41–44). Fünf Tage später wurde Jesus, mit dem Kreuz beladen, aus der Stadt nach Golgota geführt, um sein Leiden »außerhalb des Tores« (Hebr 13,12) zu vollenden. Auf dem Weg forderte er die Frauen auf, nicht über ihn, sondern über sich selbst und ihre Kinder zu weinen, und er rief sie noch einmal zur Umkehr auf (Lk 23, 27–31).

Mit einer aufrüttelnden Aufforderung zur metanoia betrat Jesus zu Beginn der Heiligen Woche die Stadt; am Tag seines Todes verließ er die Stadt mit einer ähnlichen flehentlichen Bitte. Wenn eine Kreuzwegbetrachtung unseren eigenen Lebensweg nicht unter Kritik stellt, uns nicht zur Umkehr drängt, ist unsere Frömmigkeit zu flach und zu harmlos. Sich ehrlich auf das einlassen, was Jesus für uns getan hat, ist ein gewagtes Abenteuer!

Unmittelbar vor seiner Himmelfahrt sendet Jesus seine Jünger zum letztenmal aus. Wieder ist das Thema der Umkehr Mittelpunkt der Botschaft: »So steht es in der Schrift: Der Messias wird leiden und am dritten Tag von den Toten auferstehen, und in seinem Namen wird man allen Völkern, angefangen in Jerusalem, verkünden, sie sollen umkehren, damit ihre Sünden vergeben werden« (Lk 24, 46–47).

In der Apostelgeschichte finden sich einige größere Reden der Apostel Petrus und Paulus. Jede endet mit einem Aufruf zur Umkehr. Das zeigt, wie ernst die Apostel Jesu letzte Sendung nahmen.

Paulus schreibt im Brief an die Römer: »Verachtest du etwa den Reichtum seiner Güte, Geduld und Langmut? Weißt du

23

nicht, daß Gottes Güte dich zur Umkehr treibt?« (2,4). Treiben ist ein starkes Wort. Und nicht sein Zorn und seine Ungeduld treiben, sondern seine Güte; denn Umkehr ist keine Bestrafung und keine Selbstverstümmelung; metanoia ist vielmehr ein Aufleben, eine Entfaltung und eine Erhöhung der Würde und des Selbstwertes, wie es die Heilung der gekrümmten Frau so eindrucksvoll schildert. Ja, in Jesus führt uns Gottes Güte immer wieder zur Umkehr. So heißt es auch in der Offenbarung des Johannes im Brief an die Gemeinde in Laodizea: »Wen ich liebe, den weise ich zurecht und nehme ihn in Zucht. Mach also Ernst, und kehr um!« (Offb 3,19).

Unsere spontane negative Reaktion auf metanoia ist nur die Spitze des Eisberges. Unser Widerstand ist tief verwurzelt, und gewöhnlich braucht es lange, um ihn zu brechen. Wir müssen der befreienden Kraft der biblischen Umkehr langsam in uns Raum geben.

# DRITTES KAPITEL

# Metanoia

Es gibt in der Bibel zahlreiche Schriftstellen, die Stoff bieten
für unsere Betrachtung über metanoia; denn dieser Begriff
ist wirklich ein Schlüsselwort der Frohbotschaft, das unermüdlich wiederholt wird. Doch gibt es ebensogut zahlreiche Abwehrmechanismen in uns, die der biblischen Aufforderung entgegenwirken und sie zu verwässern suchen. Wir
sind z.B. manchmal versucht, metanoia als eine einmalige
Erfahrung zu sehen, die wir schon längst hinter uns haben,
oder als etwas ungemein Wichtiges für andere. Das sind
Ausweichmanöver, und sie sind gar nicht selten. Zuweilen
kann man sich des Eindrucks nicht erwehren, daß das Ein-
deutigste, was Konservative und Progressive gemeinsam
haben, die heilige Überzeugung ist, daß der andere sich bekehren muß. So viele Diskussionen laufen darauf hinaus,
daß die andere Person oder Gruppe umkehren sollte – eine
offensichtlich wenig tragfähige Grundlage für fruchtbare
Zusammenarbeit in der Kirche. Ein ostafrikanisches
Sprichwort sagt: »Das Böse ist wie ein Hügel; jeder steht auf
dem seinen und weist auf den anderen.«
Wie oft wählen wir aus dem reichen Angebot theologischer
und spiritueller Veröffentlichungen und Vorträge genau
jene aus, die unsere Ansichten bestätigen, statt uns zur Umkehr aufzurufen, die uns beruhigen, statt uns zu bekehren.
Rabbi Bunam sagte zu Recht: »Die große Schuld des Menschen ist nicht die Sünde, die er begehrt, ist doch die Versuchung so mächtig und seine Kraft so gering. Die große
Schuld des Menschen ist, daß er jeden Augenblick umkehren könnte und es nicht tut.«
In der Vergangenheit hat eine ungesunde Spiritualität den
Menschen zuweilen falsche Schuldgefühle eingeredet, die
viel Leid und Schaden verursacht haben. Heute scheint jedoch die Verdrängung der Schuld und des Bedürfnisses
nach metanoia die größere Gefahr zu sein. Sie könnte noch

mehr Elend in die Welt bringen als die Feuer- und Schwefel-
predigten früherer Zeiten.

Umkehr fordert zweifellos Opfer von uns. Wir dürfen aber
nicht übersehen, daß die Verweigerung der Umkehr meistens viel größere Schmerzen mit sich bringt. Zuweilen mu-
ten wir uns unglaubliche Verrenkungen zu, einzig um die
notwendige und befreiende Bekehrung zu umgehen. Die
Verweigerung der metanoia bringt viel unnötiges Leid in
unser Leben und in das unserer Mitmenschen.

Metanoia will unsere Persönlichkeit beileibe *nicht* abwür-
gen. Im Gegenteil: Metanoia heißt, unsere Identität in der
Kraft des Evangeliums zur vollen Entfaltung kommen zu
lassen. Sie hilft uns, endlich unsere Werdescheu zu überwinden und aus der Quelle des Lebens selbst zu schöpfen,
um so wirklich der Mensch zu werden, der wir sein sollen.[1]
Gott will keine kleinlichen Menschen; er wird dadurch verherrlicht, daß unser Leben etwas darstellt und reiche Frucht
bringt (Joh 15,8). Gott, der viel größer über uns denkt als
wir selbst, möchte das Edelste und Beste in uns freisetzen
(vgl. Mt 5, 14–16). Unser Schöpfer ruft uns mit unendlich
großem Verlangen und unendlich großer Liebe immerfort
ins Dasein. Nichts Halbherziges haftet dem an. Die Umkehr schafft eine neue Weite, eine neue Würde, ein neues
Selbstwertgefühl, ganz zu schweigen von den sozialen Wir-
kungen auf Familie und Gemeinschaft: größeres Verständnis, Vergebung, Milde, Ermutigung. Liebe hat viele Namen
– einer davon ist metanoia.

## Topographie der Metanoia

In der Landschaft unserer Person läßt sich die Bekehrung in
drei Zonen skizzieren:

1. Unsere Person hat einen inneren Kern ihres Seins. Zwei
Schriftstellen aus dem Buch Genesis charakterisieren diesen
Kern. Zunächst das Wort, das an vier Tagen gesprochen
wird: »Gott sah, daß es gut war« (am zweiten Schöpfungstag fehlt dieses Wort!), und dann das Wort des sechsten Tages: »Gott sah alles an, was er gemacht hatte: Es war sehr

gut« (Gen 1,4ff. 31). Dieses Innerste ist der Ort, wo wir Jesu Wort bewahren, wo Jesus und der Vater zu uns kommen und bei uns Wohnung nehmen (vgl. Joh 14,23). Es ist die Seelenspitze, wo Gott uns Vater und Mutter ist, wo Gott uns uneingeschränkt lieben kann und wo wir nach Jesu Aufforderung bleiben sollen (vgl. Joh 15,9). In diesem inneren Kern ist das Reich Gottes mitten unter uns (vgl. Lk 17,21). Friede und fruchtbare Stille herrschen hier.

2. Dieser Kern ist umgeben von einer Zone von Disteln und Dornen, Schweiß und Schmerzen, Leere und Einsamkeit. In dieser Schicht herrschen Langeweile und Sinnlosigkeit, Ärger und Qual, Mißverstehen und Mißverstandenwerden. Es ist der Bereich der Schuld, der Bitterkeit, des Hasses.

3. Darüber baut sich der Mensch dann noch eine Schutz-Schale gegen Leid und Schmerz. Diese Zone hat ein dickes Polster von Besitz und Konsum, Karriere und Profit, Ehre und Ansehen. Oft ist auch ein gutes Stück Frömmigkeit in diese Abwehrschicht eingebaut. Gegebenenfalls können auch Arbeitssucht, Alkohol oder Drogen eine Rolle spielen. Die meisten Werte dieser dritten Zone sind zweideutig: Sie können zur wahren Identität und zu Gott führen, sie können uns aber auch davon wegziehen. Es ist eine Zone der Ambivalenz – weder heiß noch kalt, weder ein hochherziges Ja noch ein deutliches Nein. Manches Leben spielt sich bewußt und gewollt nur in dieser dritten Zone ab.

Metanoia ist nun der Weg aus der Oberflächlichkeit heraus in den inneren Kern. Und das ist bekanntlich die längste Reise, die ein Mensch antreten kann. Nach der anfänglichen Freude, daß man sich endlich entschieden hat, führt der Weg dann bald in die Schmerzzone hinein. Jetzt gilt es, will man den inneren Kern erreichen, dem Leiden nicht auszuweichen, sondern es entschlossen anzunehmen, genauso wie Jesus dem Leiden nicht entflohen ist, als sich herausstellte, daß es wesentlich zu seiner Sendung gehörte.

Es gibt keine echte Umkehr und keine wahre Erlösung ohne Leidensbereitschaft. Jesus hat zu seinen Jüngern gesagt: »Wer mein Jünger sein will, der verleugne sich selbst, nehme sein Kreuz auf sich und folge mir nach. Denn wer sein Leben retten will, wird es verlieren; wer aber sein Leben um meinetwillen verliert, wird es gewinnen« (Mt 16, 24–25). Dieses Kreuz ist in unserem Leben aber nur fruchtbar, wenn es angenommen wird, sonst führt es zu Unzufriedenheit, Selbstbemitleidung und oft zu Bitterkeit. Jesus hat nach einem harten, schmerzlichen inneren Kampf in Getsemani bewußt den Kelch angenommen. In jeder Eucharistiefeier wird immer wieder in seinem Namen gesagt: »Das ist mein Leib, der für euch *hingegeben* wird.« Ohne diese Hingabe gäbe es auch keine Erlösung. Irenäus von Lyon hat schon vor dem Jahr 200 auf knappste Weise ein Grundprinzip formuliert, das die Psychologie in neuester Zeit auf ihre Weise wiederentdeckt hat: »Nichts kann erlöst werden, was nicht zuvor angenommen ist« (vgl. C. G. Jung: »Man wandelt nur, was man annimmt«).

Wer so sein Kreuz auf sich nimmt, folgt Jesus in den Bereich, in dem er in uns lebt, dorthin, wo auch wir eins sind mit dem Vater und wo die Quelle des Lebens sprudelt. Hier wird unsere Affektivität, jenes kostbare Talent, das der Herr geschenkt hat, angeregt, instinktiv das Gute zu suchen und das Böse zu verabscheuen.

### Was ist Umkehr konkret?

Die biblische Theologie sagt uns, daß metanoia eine tiefe Umkehr des Herzens ist, eine entschiedene Ganzhinwendung zu Gott, die sich in einer neuen Denk- und Handlungsweise ausdrückt. Sie ist unsere totale Übergabe an Gott mit dem festen Entschluß, seinen Willen in allem zu erfüllen.

Aber fassen wir diese Definition etwas konkreter. Jeden Tag treffen wir viele Entscheidungen. Die meisten sind von geringerer Bedeutung. Gelegentlich gibt es vielleicht einmal einen größeren Entschluß und ganz selten einen wirklich großen. Doch auch die vielen kleinen Entscheidungen sind von Belang, prägen sie doch in ihrem Gesamt unseren Lebensstil, der weit mehr als Worte und Werke Ausdruck unserer Grundeinstellung ist.

In unserem Lebensstil geht es um die Integrität unserer Person. Es muß aber hinzugefügt werden, daß vieles in unserem Leben nicht unsere eigene Wahl ist: Wir sind oft nicht dazu fähig, etwas zu ändern. Und doch hängt es auch in diesen Fällen von uns ab, wie wir uns dem Unvermeidlichen gegenüber verhalten. Diese Wahl bleibt uns immer offen. Außerdem handeln wir oft sozusagen routinemäßig oder auf spontane, impulsive Weise, so daß viele Wahlentscheidungen nicht wirklich bewußt getroffen werden. Dennoch sind die Entscheidungen, auf welche Weise wir auch immer dazu gekommen sein mögen, das Bestimmende im Leben; denn ob und wie unsere Person sich weiter entfaltet oder nicht entfaltet, hängt eben von ihnen ab. Der hl. Augustinus vergleicht sie mit den Saiten einer Harfe. Der Rahmen ist unentbehrlich, doch sind es die Saiten, die die Musik machen. John C. Haughey SJ erläutert das Gemeinte recht anschaulich:

Wider allen gegenteiligen Anschein wird ein Mensch nicht dadurch zur Person, daß er sich durch physisches Wachstum nach oben, durch räumliches nach außen und durch reflexives nach innen ausstreckt, vielmehr kommt er zum Selbst-sein in erster Linie durch Wahlentscheidungen. Gerade in der Wahl wird der Geist am meisten gefordert und gestaltet. Unsere Entscheidungen sind Ausdruck unseres Selbstverständnisses und ermöglichen es gleichzeitig. Im Gegensatz dazu leben solche, die keine Wahlentscheidungen treffen oder sie nur halbherzig treffen, in dem unreifen Zustand, es darauf ankommen zu lassen. Sie tanzen, wenn andere auf der Flöte spielen, und trauern, wenn andere ein Klagelied anstimmen. Ein Mensch, der sich nicht genügend selbst bestimmen kann, wird merken, daß seine Umwelt, seine Familie, seine Neigungen oder welche äußerlichen Kräfte auch immer den Platz und die Funktion einnehmen, die sein eigener Geist einnehmen sollte. Jahrhundertelang haben die Menschen gegen die Sklaverei gekämpft in dem überzeugten Glauben, daß deren aufgezwungene Unfreiheit ein Übel ist. Die Ironie unseres gegenwärtigen Zeitalters ist es, daß so viele Menschen, obschon sie frei sind, das Gegenteil zu tun, sich mit der freiwilligen Sklaverei der Unentschlossenheit infizieren lassen.[2]

Wichtig ist nun, daß alle unsere Entscheidungen, kleine oder große, bewußte oder unbewußte, getroffen werden nach einer Prioritätenliste, die wir uns zu eigen gemacht haben. Wann immer wir vor einer Wahl stehen, entscheiden wir nach der Reihenfolge unserer Wertskala (wie stillschweigend sich dies auch vollziehen mag). Jede Veränderung in der Prioritätenliste führt unmittelbar zu unterschiedlichen Entscheidungen und folglich zu einem unterschiedlichen Lebensssstil. Wenn es nicht als respektlos empfunden wird, könnte man unsere Wertskala mit einem Computerprogramm vergleichen, bei dem auch die geringfügigste Änderung sofort zu einem anderen Ergebnis führt. Metanoia ist jetzt die Revision unserer Prioritätenordnung, eine Überholung der Wertskala. Wenn ein Auto oder irgendein feines Instrument regelmäßig überprüft werden muß, leuchtet es uns auch ein, daß dies ebenfalls für unser Gewissen ab und zu vonnöten ist, für diese »stille, sanfte Stimme in uns«, die unser ganzes Leben regelt. Im Laufe der Zeit verschiebt sich die Rangordnung unserer Werte, ohne daß wir es eigentlich recht merken. Wir meinen vielleicht ehrlich, daß gewisse Werte in unserem Leben eine hohe Priorität einnehmen, während sie in Wirklichkeit beträchtlich an Bedeutung verloren haben, ohne daß es uns bewußt geworden ist. Ähnlich können wir glauben, daß gewisse Werte bei uns nicht hoch im Kurs stehen, und doch haben sie unbemerkt einen nicht geringen Raum in unseren Entscheidungen und unserem Handeln erobert. Wer sich längere Zeit damit nicht gründlich auseinandergesetzt hat, wird unter Umständen große und wahrscheinlich unangenehme Überraschungen erleben.

Falsche Prioritäten schirmen uns ab gegen die Liebe und den Willen Gottes; sie sind um so verheerender, je weniger sie uns bewußt sind. Sie bilden in uns jenes Abwehrsystem, durch das das Wort Gottes kaum hindurchdringen kann. Der Kern der Sünde besteht darin, daß wir uns von Gott nicht lieben lassen, oder anders gesagt, daß wir Gott, der Liebe IST, nicht Gott sein lassen. Normalerweise äußert sich diese Weigerung, Gott nicht Gott, nicht Liebe, sein zu lassen, nicht ausdrücklich in Worten, sondern in unserem

Lebensstil, der wiederum von unserer Prioritätenordnung bestimmt ist. Metanoia heißt dann, sich dieser Ordnung stellen und sie korrigieren. Das mag ziemlich harmlos klingen, greift aber Grundeinstellungen unserer Person an, die zum Teil mit eingeschliffenen Überzeugungen und liebgewordenen Ideologien vermischt sind.

Zu dieser metanoia ruft uns Jesus ständig auf. Er macht sie zur Bedingung unseres Glaubens an ihn und zur Voraussetzung unserer Nachfolge.

# VIERTES KAPITEL

# Aus der Vergebung leben

## Wie kommt man zur Umkehr?

Der Ruf zur Umkehr kann einen Menschen zu jeder Zeit treffen; denn »lebendig ist das Wort Gottes, kraftvoll und schärfer als jedes zweischneidige Schwert; es dringt durch bis zur Scheidung von Seele und Geist, von Gelenk und Mark; es richtet über die Regungen und Gedanken des Herzens« (Hebr 4,12).

Gewöhnlich wird dieses Wort Gottes, vor allem sein Aufruf zur metanoia erst dann wirksam, wenn unser Herz bereit ist. Ein Gefühl der Unzufriedenheit oder ein inneres Verlangen kann uns bereit machen, unser Herz um so eher aufzuschließen. Wir spüren, daß etwas nicht stimmt. In uns regt sich ein Unbehagen, eine Niedergeschlagenheit, die unsere Energie und Freude unterhöhlen, und doch wissen wir nicht recht, was mit uns los ist. Wenn wir ehrlich sind, müssen wir zugeben, daß uns eigentlich nichts fehlt ausgenommen die innere Freude. Wir hätten tausend Gründe, zufrieden zu sein, sind es aber nicht.

Was wir fühlen, ist nicht Trauer, wie man sie bei einem Verlust empfindet, sondern vielmehr eine depressive Grundstimmung, die sich eingeschlichen hat und die so tief geht, daß eine innere Gleichgültigkeit allem gegenüber sich breitmacht. Die Seele ist wie gelähmt, gelangweilt, entmutigt. Alle Freude ist verflogen, alle Kraft dahin. Man braucht nicht viel Ehrlichkeit, um einzusehen, daß die Ursache nicht in den äußeren Umständen liegt, sondern in einem selbst.

Das Leichteste und Oberflächlichste ist es nun, sich dieser Situation nicht zu stellen, sondern auszuweichen in Essen, Schlafen, Schwatzen, Trinken, Fernsehen oder Arbeitswut. Vieles von dem, was heutzutage als Konsummentalität oder

Genußsucht kritisiert wird, ist nur ein Symptom dieses tieferliegenden Unbehagens. Auch hier blockieren falsche Prioritäten den Zugang zum eigenen Herzen. Nur ein gewisses Maß an Wahrhaftigkeit und Mut kann das eigentliche Problem erkennen und angreifen. Eine gute Frage wäre: Was hält mich davon ab, voll und ganz für das zu leben, wofür ich leben möchte? Oder eine noch grundlegendere Frage: Worum geht es mir im letzten?

Das erste Wort Jesu im Johannesevangelium ist genau diese Frage: »Was sucht ihr?« (1,38). Diese gleiche Frage kehrt im 20. Kapitel leicht verändert wieder: »Wen suchst du?« (20,15). Es ist *die* entscheidende Frage des johanneischen Jesus. Das vierte Evangelium ist in diese lebenswichtige Frage wie eingerahmt: Was suchen wir eigentlich? Sie wird sehr ernst genommen. Die Frohe Botschaft sagt uns, daß unser tiefstes Verlangen und Gottes Wille deckungsgleich sind. Daß wir wirklich wir selbst sind, ist Gottes Wille. Unser Selbst ist heilig, da Gott dessen tiefster Grund ist. Im Kern unserer Persönlichkeit gibt es keinen Widerstreit zwischen Gott und uns. Diese Spannung existiert nur an der Oberfläche. Wir erleben sie in dem Maß, in dem wir uns von unserem wahren Selbst entfernen. Wenn wir der Frage nach der tiefsten Sehnsucht unseres Herzens ausweichen, fangen wir an, nach Dingen zu suchen, die wir eigentlich gar nicht wollen.

Drei Fragen, die im Grunde nur eine einzige sind, mögen uns helfen, uns immer näher an den entscheidenden Punkt heranzuarbeiten.

- Inwieweit beherrscht der Egoismus unser Leben, nicht im Sinne grober Selbstsucht, sondern vielmehr im Sinn eines subtilen Sich-selbst-Suchens in allem, was wir tun? Äußerlich erscheinen unser Tun und unsere Motivation sehr edel und offen (dafür sorgen wir schon!). Aber wenn wir ehrlich sind, wissen wir doch, daß wir stets unseren eigenen Vorteil suchen. Der Dienst, den wir leisten, ist mehr ein Trachten nach Anerkennung und ein Haschen nach Zuneigung als ein Ausdruck der Liebe.
- Wie groß ist unsere Fähigkeit, die anderen wirklich zu lieben? Es gibt Zeiten, da uns aufrichtige Liebe gelingt.

Doch dann nehmen wir wieder zurück, was wir vorher gegeben haben. Das Ich rückt aufs neue in die Mitte, und die anderen werden zu Satelliten, die um unser Ego kreisen. Und wir sind uns dessen bewußt!

– Steckt hinter unserer Ohnmacht zu lieben vielleicht eine Abneigung gegen gewisse Menschen? Oberflächliche Kontakte gelingen uns wohl noch, aber im Innersten unseres Herzens (so tief, daß wir es nicht an die Oberfläche zu bringen wagen) sehen wir in ihnen eine Last oder eine Bedrohung. Wir würden eine Welt ohne diese Menschen vorziehen oder – in unseren hochherzigeren Augenblicken –, zwar mit ihnen, aber nicht auf dem gleichen Kontinent. Weil dieses Gefühl aber zu schäbig ist, um zugelassen zu werden, wird es verdrängt und kommt dann als Angst oder Antipathie wieder zum Vorschein.

## Das Wunder der Vergebung

Wenn wir uns auf eine solche oder ähnliche Weise ernstlich mit diesem grundlegenden Problem auseinandersetzen, werden wir mit unserer eigenen Schuld konfrontiert. Das ist ein saurer Apfel! Es ist schier unmöglich, sich der eigenen Schuld zu stellen, wenn man nicht sicher ist, auch nach deren Eingeständnis angenommen und geliebt zu werden. Oder anders gesagt: Ein Mensch, der seine Schuld nicht zugeben kann, ist ein unsicherer Mensch.

Eines der Geheimnisse Jesu bestand darin, daß er immer eine Atmosphäre bedingungsloser Bejahung schuf, eine Atmosphäre, in der man seine Schuld anschauen konnte. Seine Haltung wirkte befreiend. Darin offenbarte er sich als das wahre Ebenbild seines Vaters und das vollkommene Abbild seines Wesens (vgl. Hebr 1,3). So war er seinem eigenen Namen, wie Matthäus ihn deutet, treu: »Er wird sein Volk von seinen Sünden erlösen« (1,21)[1].

Bei medizinischen Untersuchungen wird gelegentlich eine Kontrastflüssigkeit verwendet, um das Entscheidende hervorzuheben. So kann der Arzt deutlicher wahrnehmen, was er beobachten will. In ähnlicher Weise könnte eine Kontrastversion² der Zachäusgeschichte (Lk 19,1–10) uns helfen, klarer zu sehen, wie außergewöhnlich Jesu Umgang mit Schuld war.

Zachäus war oberster Zollbeamter in Jericho. Er war reich. Die Zusammenarbeit mit der verhaßten römischen Besatzungsmacht hatte ihm viel Geld eingebracht. Auf Kosten seines Volkes hatte er mit Hilfe der Römer seinen eigenen Vorteil angestrebt. Es war offensichtlich, daß er sich des Verrates schuldig gemacht hatte. Nun hatte dieser Mann aber die Stirn, Jesus begegnen zu wollen. Da kann man nur dankbar sein, daß Jesus Prophet genug war, um darauf nicht hereinzufallen. Jesus hat ihn vor allen in unmißverständlichen Worten gerügt und angeklagt. »Wie wagst du es, ein Zöllner, Erpresser und Volksverräter, mich, den Propheten, einzuladen! Das kommt nur in Frage, wenn du dich vorher öffentlich von deiner bisherigen Lebensweise distanzierst. Und das soll nicht nur ein Lippenbekenntnis sein. Du mußt die Hälfte deines Vermögens den Armen geben und vierfache Wiedergutmachung leisten für alles, was du zuviel gefordert hast. Das sind die Bedingungen. Wenn du die nicht erfüllst, verdienst du es nicht, mir zu begegnen.« Zachäus erfüllt diese Bedingungen, und Jesus besucht ihn in seinem Haus.

Vielleicht erscheint uns diese verfremdete Version der Geschichte gar nicht sonderbar. In unserer Welt würde eine solche Bitte möglicherweise so beantwortet werden. Daraus wird uns aber auch klar, wie völlig anders die Haltung Jesu war. Seine Liebe ist immer bedingungslos. Gerade weil er andere bedingungslos annimmt und sie bejaht, so wie sie sind, befähigt er sie, sich in Freiheit zu ändern.

Die Pharisäer verbreiteten in ihrem Beurteilen und Verurteilen einen Geist der Selbstgerechtigkeit. Das ermutigte nicht dazu, Schuld einzugestehen; es förderte im Gegenteil deren Verdrängung. Was jedoch verdrängt ist, übt Druck aus, wenn auch auf verborgene, unbewußte Weise. Verdrängung kann niemals eine Dauerlösung sein; sie schmeckt nach Unaufrichtigkeit und Scheinheiligkeit.

Der Gegensatz zwischen der Haltung Jesu und der der Pharisäer scheint eindrucksvoll auf in der Perikope der Sünderin, die zu Jesus kam, als er bei Simon dem Pharisäer zu Gast war (Lk 7, 36–50). Gebrandmarkt und geächtet von allen, schützte sich diese Frau mit einer undurchdringlichen Maske. Doch noch ehe Jesus ein Wort an sie richtet, weiß sie sich von ihm angenommen. Seine Augen, sein ganzes Wesen zeigen ihr das unmißverständlich. Sie weiß intuitiv, daß er sie bejaht trotz ihrer Sünden. Vor Jesus darf sie ihre Maske fallenlassen; sie kann ihren Tränen freien Lauf lassen und braucht ihren Schmerz und ihre Liebe nicht zu verbergen. Die bis dahin noch unausgesprochene Vergebung Jesu setzt ihre Liebe frei. Nicht diese Liebe verdiente ihr die Vergebung, vielmehr ist ihre große Liebe die Frucht der Vergebung.

Der Gastgeber Simon ist Zeuge dieser inneren Wandlung; er kann sie aber nicht mitvollziehen und hält hartnäckig fest an seiner Verurteilung dieser Frau. Jesus bedient sich nun einer Parabel, um aufzuzeigen, daß der, dem mehr vergeben wurde, auch mehr lieben wird.

Nicht nur das *Bekenntnis* der Schuld, sondern bereits das *Bewußtsein* der Schuld ist allein möglich aus der inneren Gewißheit heraus, geliebt zu sein trotz der Last der eigenen Schuld. Nur Menschen, die sich wirklich und wahrhaftig geliebt wissen, können das Wesen von Schuld überhaupt erst in etwa erfassen. Schuld ist ja nichts anderes als Mißbrauch der Liebe. Doch nur, wenn wir glauben oder zumindest ahnen, daß diese Liebe größer ist, als unsere Schuld es je sein könnte, kann man dieser ehrlich ins Auge schauen.

Aber selbst dann bleibt uns der größere Teil unserer Schuld verborgen. 90 Prozent eines Eisberges liegen unter dem Wasserspiegel. Das ist ein Naturgesetz, das auf dem spezifischen Gewicht des Eises beruht. Ähnlich ist es mit der menschlichen Schuld. Es wird auch gar nicht von uns verlangt, den ganzen Eisberg der Schuld aus dem Wasser zu heben. Es genügt, daß wir zu unserer Schuld stehen, soweit wir sie erkennen. Haben wir alle nicht schon in einer wohlvorbereiteten, aufrichtigen Beichte erfahren, daß wir unsere Schuld nie umfassend artikulieren können? Das entspricht ihrer Natur.

Durch alle Jahrhunderte hindurch begegnen wir in der

christlichen Tradition Menschen, denen die Gnade geschenkt wurde, sich im vollen Bewußtsein ihrer Sündhaftigkeit doch als von Gott geliebt zu erfahren. Diese Gnade ist leider seltener, als man hoffen möchte. Es gibt zwar viele Menschen, die sich ihrer Schuld und ihres moralischen Versagens bewußt sind, doch können die meisten von ihnen nicht von ganzem Herzen glauben, daß Gott sie trotzdem liebt. Umgekehrt gibt es erfreulicherweise auch viele Menschen, die sich von Gott geliebt wissen und aus diesem Wissen leben. Aber viele von ihnen bekennen sich zwar mit den Lippen als Sünder, tragen jedoch dieses Bekenntnis nicht als lebendige Überzeugung im Tiefsten ihres Herzens. Wenn sie um die Bekehrung der Sünder beten, denken sie ganz spontan an die anderen. Vermutlich gibt es nur wenige Menschen, die sich einerseits voll und ganz von Gott geliebt wissen, sich andererseits trotzdem im vollen Sinn des Wortes als Sünder erfahren.

In den ignatianischen Exerzitien wird die Gnade dieser innersten Erkenntnis, ein von Gott geliebter Sünder zu sein, *die* Frucht der »ersten Woche« genannt. Sie ist für die Exerzitien von so wesentlicher Bedeutung, daß Ignatius die Geistlichen Übungen nicht fortsetzen wollte, wenn sie zu fehlen schien. Um die zweite Woche beginnen zu können, genügt es nicht, daß der Exerzitant seine Sünden bereut und beichtet in der unausgesprochenen Meinung, daß er damit die Sündhaftigkeit hinter sich gebracht hat. Die echte Gnade dieses Abschnitts der Exerzitien ist das tiefe Wissen, daß unsere Sünden zwar vergeben sind, wir aber trotzdem sündige Menschen bleiben und als solche wirklich von Gott geliebt sind. Als die Gesellschaft Jesu sich 1974/75 in ihrer repräsentativsten Gestalt (nämlich als Generalkongregation, in diesem Fall der 32.) fragte, was es heißt, Jesuit zu sein, lautete der Beginn der Antwort: »Erfahren, daß man als Sünder trotzdem, wie Ignatius, zum Gefährten Jesu berufen ist.« Dieser Satz formuliert in knapper Form die Gnade der ersten Woche.

Den vierten Vers von Psalm 130 kann man so übersetzen: »Bei dir ist Vergebung, und davon leben wir.« Vergebung ist nicht etwas Einmaliges. Wir leben ständig von der Vergebung. Wenn sie in unserer geistlichen Diät längere Zeit fehlt, werden wir krank, genauso wie wenn unser Körper bestimmte Vitamine zu lange entbehren muß.

Aus der Vergebung leben ist eine wichtige christliche Kunst. Wer diese Kunst beherrscht, findet dauernd Vergebung in vielen Formen. Sie alle kulminieren im Sakrament der Vergebung. Wer den persönlichen Zugang zu diesem Sakrament gefunden hat, wird auch im alltäglichen Leben Versöhnung suchen und finden. Wer, umgekehrt, im Alltag aus der Vergebung lebt, wird sich regelmäßig um Gottes Vergebung in sakramentaler Gestalt bemühen. Das eine bedingt und stärkt das andere.

Vergebung muß geschenkt und empfangen werden. Wir können sie nicht selbst machen. Das ist eine Grundwahrheit im Evangelium: Keiner kann Sünden vergeben außer dem einen Gott. Wir rühren hier an das undurchdringliche Geheimnis des Bösen mit seinen vielen unergründlichen Schichten. »Das, was ich mit eigener Kraft aufzubauen vermochte, kann ich nicht selber niederreißen. Um das, was ich in meiner Schwachheit geschehen ließ, ungeschehen zu machen, bin ich abermals zu schwach ... Das Schlimmste liegt vielleicht nicht darin, daß wir unsere Taten nicht ändern können, sondern darin, daß unsere Taten uns ändern, so sehr, daß wir uns selbst nicht mehr ändern können.«[3]

Unsere radikalste Hilflosigkeit beweist sich wohl darin, daß wir unsere Sünden gegen den Allheiligen nicht auszulöschen vermögen. Sie können nur von Gott vergeben werden. Diese Abhängigkeit ist für viele wahrscheinlich das Schwierigste in ihrem »Leben aus der Vergebung«. Die meisten von uns sind solch eingefleischte Do-it-yourselfers, daß es uns widerstrebt, eine Situation nicht selbst unter Kontrolle zu haben. Wir fühlen uns normalerweise besser, wenn wir das Sagen haben.

Es gibt eine reizvolle Legende vom hl. Hieronymus, die uns diese Wahrheit so recht unter die Haut bringt.[4] Die meisten Leser werden wissen, daß Hieronymus den letzten Teil seines bewegten Lebens mehr oder weniger als Einsiedler in der Nähe von Betlehem verbrachte. Weniger bekannt ist, daß er bereits als junger Mann versucht hat, in der Wüste von Chalcis im heutigen Syrien ein Eremitenleben zu führen. Dieser Versuch schlug fehl; Hieronymus fiel in einen Zustand schwerer Depression, und das zeigte, daß er in diesem Alter noch nicht zu einem solchen Leben berufen war. Als er auf dem Tiefpunkt der Niedergeschlagenheit angekommen war, soll ihm der Gekreuzigte erschienen sein. Hieronymus fiel sofort auf seine Knie und schlug sich mit einer gewaltigen Geste an die Brust. Jesus lächelte ihn vom Kreuz aus gütig an und fragte: »Hieronymus, was schenkst du mir?« Hieronymus war überglücklich, und wie aus der Pistole geschossen kam seine Antwort: »Alles, Herr, vor allem die Einsamkeit der Wüste, die mir so hart zusetzt.« Der Herr dankte ihm freundlich und fragte nochmals: »Und was hast du mir noch anzubieten, Hieronymus?« Ohne sich erst besinnen zu müssen, antwortete er: »Mein Fasten, meinen Hunger und Durst«, und er fügte noch hinzu, daß er vor Sonnenuntergang nichts zu sich nähme. Der Gekreuzigte drückte wiederum seinen Dank und sein Mitgefühl aus, hatte er selbst ja einige Erfahrung mit dem Fasten in der Wüste. Doch er fragte weiter: »Was gibst du mir noch?« Hieronymus blieb die Antwort niemals schuldig, zuweilen wurde er sogar ein wenig redselig: seine Nachtwachen, das Psalmengebet, die Schriftlesung. Jedesmal dankte der Gekreuzigte mit einem Lächeln, hörte aber nicht auf, seine Bitte zu wiederholen. Hieronymus brachte es fertig, immer neue Antworten zu finden: »Den Zölibat, den ich, so gut ich kann, lebe; den Mangel an Bequemlichkeit an diesem öden Ort, die Hitze des Tages und die Kälte der Nacht.« Doch schließlich kam er ans Ende seiner Weisheit und streckte die Waffen, aufs äußerste frustriert, weil der Herr immer noch nicht zufrieden war mit solch einer eindrucksvollen Liste seiner heroischen Opfer. Dann aber wurde es sehr still in der Klause und in der ganzen Wüste von Chalcis, als Jesus voll Liebe auf Hieronymus schaute und sagte: »Eines hast du vergessen, Hieronymus; gib mir auch deine Sünden, damit ich sie vergebe.«

Alles, was Hieronymus genannt hatte, waren seine eigenen Leistungen. Das eine, was er nicht selbst tun konnte, sondern an sich geschehen lassen mußte, hatte er vergessen.

Kein Wunder, daß er depressiv war. In all seinen Antworten kam immer wieder Hieronymus selber zur Geltung. In der Vergebung der Sünden aber rückten Jesus und seine Botschaft in den Mittelpunkt, und Hieronymus wurde zum Empfangenden. Frohbotschaft heißt ja, sich beschenken lassen.

Wenn Jesus uns die gleiche Frage stellen würde, sähe unsere Antwortliste ohne Zweifel ganz anders aus; aber wir würden vielleicht denselben Fehler machen wie Hieronymus: vergessen, uns beschenken zu lassen mit dem Geschenk, das allein Gott geben kann, nämlich die Vergebung unserer Sünden. Es ist Gottes Freude, uns Barmherzigkeit zu zeigen. Berauben wir Gott nicht dieser Freude!

# FÜNFTES KAPITEL

# Die Vollendung der Liebe

Vergebung ist nie Privatsache, sondern hat eine weltweite Dimension. Jesus hat in seinem Tod und in seiner Auferstehung die ganze Welt mit Gott versöhnt und allen Menschen den Zugang zu Liebe und Frieden geöffnet. »Gott hat uns der Macht der Finsternis entrissen und aufgenommen in das Reich seines geliebten Sohnes. Durch ihn haben wir die Erlösung, die Vergebung der Sünden« (Kol 1,13–14).

Das nächstliegende »Stück Welt«, das der Verzeihung und des Friedens bedarf, bin immer ich selbst. So breitet die Versöhnung sich auch durch mich in unserer Welt aus, und das Reich Gottes wächst unter uns. Die Beichte ist sehr persönlich und eben darum von universaler Bedeutung.

Göttliche Vergebung ist ein Prozeß, der im Sakrament der Versöhnung am klarsten zum Ausdruck kommt. In diesem Prozeß unterscheiden wir drei Phasen.

Zunächst die Vorbereitung, in der wir, soweit das vernünftigerweise möglich ist, uns auf unsere Sünden besinnen. Am fruchtbarsten wird dieser Rückblick, wenn wir dabei Jesus betrachten, vor allem in seiner Passion. Der Blick auf Jesus bewahrt uns vor einer ungesunden Selbstanalyse und macht uns fähig, die Verantwortung für unser Tun und Lassen in gesunder und reifer Weise auf uns zu nehmen. Dabei ist es gut, uns daran zu erinnern, daß wir unsere Schuld nie vollständig in Worte fassen können. Weder Gott noch die Kirche fordern das von uns. Wichtig ist in dieser vorbereitenden Phase, daß wir unser Herz im Blick auf den gekreuzigten Jesus für die Gnade der Reue öffnen[1]. Das folgende Gebet könnte uns dabei helfen:

Sage mir, Jesus,
mein Meister und mein Herr,
angenagelt an das Kreuz
zwischen zwei Verbrechern,

sage mir, Jesus,
welche Liebe zu mir
hat dich, meinen Schöpfer,
in jenen Menschen gewandelt,
ohne Ansehen noch Schönheit,
der für meine Sünden stirbt,
jenen Gekreuzigten,
der sein Leben gibt
als ein Opfer für mich.
Sage mir, Jesus,
wie kannst du so
dein Leben geben
für mich.

Sage mir, Jesus,
mein Meister und mein Herr,
angenagelt an das Kreuz,
zwischen zwei Verbrechern,
sage mir, Jesus,
welche Liebe zu dir
wird mich armen Sünder
in einen Menschen wandeln
mit einem zerknirschten,
reumütigen Herzen,
mit Reuetränen in den Augen,
einem Menschen, dem vergeben wurde
und der für dich allein leben möchte.
Sage mir, Jesus,
wie kann ich so
mein Leben geben
für dich[2].

»Wer kein Schuldgefühl kennt, ist noch kein Mensch. Wer keine Reue kennt, der wird nicht lange ein Mensch bleiben« (Albert Görres)[3].
Nach der Vorbereitung folgt als Herz und Mitte des Vergebungsprozesses das Bekenntnis unserer Schuld vor Gott und seinem Stellvertreter, der uns im Namen Gottes die Vergebung unserer Sünden zuspricht.

Der letzte und sehr wichtige Teil des Vergebungsprozesses ist die Zeit, die wir damit verbringen, Gottes Vergebung ganz in uns aufzunehmen und zu verkosten. Gott hat uns unsere Schuld vergeben. Wir aber brauchen Zeit, um die heilende Kraft dieser Gnade ganz in uns aufzunehmen und wirksam werden zu lassen. Mit unbeschwertem Herzen, voll Frieden, dürfen wir verspüren, wie die Ketten von uns abgefallen sind.

Eigentlich ist es nicht sehr verwunderlich, daß diese dritte Phase des Sakramentes der Versöhnung wirklich Zeit braucht, ist Vergebung doch die höchste und äußerste Form der Liebe. Diese Liebe möchte unser ganzes Wesen erfüllen, bis in die dunkelsten Winkel unserer Ruhelosigkeit und unserer Verdrängungen. Ich befürchte, daß wir diesen Schritt in unserer traditionellen Beichtpraxis weitgehend vernachlässigt haben. Dadurch wurde das Sakrament eines bedeutenden Teils seiner Schönheit beraubt. Der Vergebungsprozeß ist erst abgeschlossen, wenn wir auch mit uns versöhnt sind und uns selbst vergeben können. So weit erstreckt sich das Wunder der Vergebung Gottes.

Der Vater des verlorenen Sohnes erfuhr eine tiefe und überwältigende Freude, als er seinen in die Irre gegangenen und zurückgekehrten Sohn umarmte und ihn mit seiner Liebe wie mit einem festlichen Kleid umhüllte. Jesus sagt: »Niemand weiß, wer der Vater ist, nur der Sohn und der, dem es der Sohn offenbaren will« (Lk 10,22). In allen drei Gleichnissen im 15. Kapitel des Lukasevangeliums offenbart Jesus uns etwas Wesentliches über seinen Vater, nämlich die unendlich große Freude, die er im Vergeben findet.

In einer Novelle[4] schreibt Werner Bergengruen: »Wohl erprobt sich die Liebe in der Treue, aber sie vollendet sich erst in der Vergebung.« Als ich diese Worte las, prägten sie sich sofort meinem Gedächtnis ein, und oft habe ich sie wiederholt. Ich dachte dabei gewöhnlich an ein älteres Ehepaar, dessen jugendliche Verliebtheit sich über die Jahre hin zu einer reifen Liebe entwickelt und in jahrzehntelanger Treue erprobt hat. Ihre letzte Vollendung findet diese Liebe eben in der Vergebung.

Nach vielen Jahren fiel mir schließlich ein, daß diese Worte

Bergengruens auch für Gott Geltung haben. Auch Gottes Liebe erweist ihre Größe in der Treue und vollendet sich in der Vergebung. Und weil das Wesen Gottes Liebe IST, können wir sagen, daß Gottes wesenhaftes Sein in der Vergebung zur Vollendung kommt. So können wir in etwa verstehen, warum für Gott im Vergeben eine so überfließende Freude liegt.

In dem bekannten Text des Propheten Zefanja wird dieser überschäumenden Freude Ausdruck verliehen:

> Juble, Tochter Zion! Jauchze, Israel! Freu dich und frohlocke von ganzem Herzen, Tochter Jerusalem!
> Der Herr hat das Urteil gegen dich aufgehoben und deine Feinde zur Umkehr gezwungen.
> Der König Israels, der Herr, ist in deiner Mitte;
> du hast kein Unheil mehr zu fürchten.
> An jenem Tag wird man zu Jerusalem sagen:
> Fürchte dich nicht, Zion!
> Laß die Hände nicht sinken!
> Der Herr, dein Gott, ist in deiner Mitte, ein Held,
> der Rettung bringt.
> Er freut sich und jubelt über dich, er erneuert seine
> Liebe zu dir, er jubelt über dich und frohlockt,
> wie man frohlockt an einem Festtag (3, 14–17).

In der Parabel des wiedergefundenen Vaters kommt diese Freude wohl noch mehr zum Ausdruck. Wenn die Freude des Vaters unser Herz erfüllt, erlebt die göttliche Vergebung ihre Krönung. Der Wortschatz des Vaters umfaßt Worte wie: Freude, Feier, Fest, neues Leben, Wiederfinden. Der Sohn dagegen spricht zunächst von Schoten, Schweinen, Unwürdigkeit, Tagelöhner, bevor er hineingeholt wird in die Welt des Vaters, aus der Dunkelheit zum Licht und zum Frieden.

> Einer muß zu uns kommen aus der Zukunft
> in verschwenderischer Fülle
> mit Ringen und Gewändern und Küssen
> und unsere Selbstvorwürfe decken
> mit den Tränen des Willkomms.
> (John Shea)

Auf der römischen Bischofssynode von 1983, deren Thema Buße und Versöhnung war, kam von einer Gruppe afrikanischer Bischöfe die Intervention, die Freude in der Feier der Versöhnung stärker zum Ausdruck zu bringen. Die Bußfeiern und das Sakrament der Versöhnung sollten nicht erlitten, sondern gefeiert werden. Schon Augustinus hat in seinen berühmten »Bekenntnissen« das Bekenntnis der Sünden zu einer confessio laudis (einem Loblied) werden lassen.

### Eine neue Intimität

Wenn wir Gottes Freude teilen, kommen wir Gott näher, so wie der verlorene Sohn, als er von des Vaters Glück überflutet wurde. Vor der Rückkehr des jüngeren Sohnes kannten beide Brüder ihren Vater als einen guten Mann. Wie gut er aber wirklich war, entdeckte allein der jüngere in der Erfahrung unerwarteter und totaler Vergebung. So entstand zwischen Vater und Sohn eine Intimität von unauslotbarer Tiefe, die nie mehr vergehen sollte. In der Freude des Vaters ging dem Sohn erst auf, wie sehr er ihn geliebt hatte und immer noch liebte.

Das Benedictus drückt sehr angemessen aus, daß Gott dem Volk in der Vergebung der Sünden die Erfahrung des Heils schenken wird. Es ist das Unerhörte der Frohbotschaft, daß wir das neue Leben gerade dann erfahren, wenn wir nicht mehr ein noch aus wissen, und daß Gottes Erbarmen uns dort am tiefsten berührt, wo unsere Sündigkeit uns am verwundbarsten macht. Vor der Erfahrung der Vergebung war unser Gottesbild blaß, vage, und wir hatten nur eine ganz schwache Ahnung von der göttlichen Liebe. Doch *in* der Vergebung wird uns Gottes Erbarmen in seinem ganzen Ausmaß deutlich. Unsere Untreue schöpft Gottes Liebe nicht aus, enthüllt vielmehr erst ihre bedingungslosen, grenzenlosen Dimensionen. Wenn wir mit den Scherben unseres Lebens vor Gott treten, werden wir nicht abgewiesen oder verurteilt, sondern mit großer Zärtlichkeit willkommen geheißen.

Es sagt sich so leicht, daß Gottes Liebe auf nichts beruht, daß sie buchstäblich »ohne Grund« ist. In der Vergebung dürfen wir das *erfahren* (soweit das menschlich möglich ist). Im Evangelium verharmlost Jesus die Sünde nie, er vergibt sie. Sein Erbarmen ist groß genug, um mit all ihrer Bosheit fertig zu werden. Er kann es sich leisten, sie ernst zu nehmen. Unsererseits braucht es Mut, Ehrlichkeit und Geduld, damit wir diese ergreifende Wirklichkeit in ihren zwei großen Dimensionen verarbeiten können.

Gott nimmt unsere Sünde ernst. Sie steht in totalem Gegensatz zu seinem Wesen, das Liebe ist. Es ist eines der erschütterndsten Geheimnisse der Schöpfung, daß wir die Freiheit haben, die göttliche Liebe, der wir unser ganzes Dasein verdanken, zurückzuweisen. Das ist zu vergleichen mit der Möglichkeit, den Ast, auf dem wir sitzen, abzusägen und doch zu überleben. Ein schwindelerregendes Geheimnis! Gott schiebt die Sünde nicht einfach beiseite. Der Allheilige tritt ihr in all ihrer rücksichtslosen, todbringenden Wirklichkeit entgegen, gerade weil er uns Menschen auch in unserer Sünde ganz ernst nimmt. Der Gott des Bundes und der Treue nimmt die Schuld der Ungetreuen auf sich. Das wird für den liebenden Gott in der Passion des Sohnes zum Martyrium der Liebe. »Er hat den, der keine Sünde kannte, für uns zur Sünde gemacht, damit wir in ihm Gerechtigkeit Gottes würden« (2 Kor 5,21).

Vergebung ist eine ergreifende Wirklichkeit. Ihr Preis ist unendlich hoch. Gott hat ihn bezahlt. In der Vergebung offenbart sich nicht nur Gottes Güte, sondern auch seine Allmacht. Eine klassische Oration des Römischen Meßbuches sagt:»Großer Gott, du offenbarst deine Macht vor allem im Erbarmen und im Verschonen. Darum nimm uns in Gnaden auf, wenn uns auch Sünde belastet« (26. Sonntag im Jahreskreis).

Ein Rabbi gebrauchte das schlichte Bild einer Kordel. Jeder Mensch ist durch eine Kordel mit Gott verbunden. Wenn wir sündigen, wird die Kordel durchgetrennt. In der Versöhnung verknüpft Gott die beiden losen Enden zu einem Knoten. Die Verbindung ist wiederhergestellt, und die Kordel ist kürzer geworden. Wir sind Gott näher gekommen.

Mit dem Propheten Micha können wir staunend ausrufen: »Wer ist ein Gott wie du, der du Schuld verzeihst und dem Rest deines Erbvolkes das Unrecht vergibst? Gott hält nicht für immer fest an seinem Zorn; denn er liebt es, gnädig zu sein« (7,18).

Ein Exerzitant erzählte mir einmal einen Traum, den ich hier mit seinem Einverständnis weitergebe, weil er so treffend das Wunder der Vergebung ausdrückt. »Ich befand mich vor dem Schulgebäude meiner Kinderzeit. Vor mir standen einige mit Scherben gefüllte Körbe. Sehr genau wußte ich: Das sind Scherben, die ich gemacht habe. Soviel habe ich zerschlagen. Unter den Augen einer Gruppe von Zuschauern mußte ich den Inhalt der Körbe auf dem Schulhof ausbreiten. Am Boden kauernd, nahm ich eine Scherbe nach der anderen aus dem Korb und legte sie vor mich hin. Es waren braune Tonscherben, kleine und große, flache und gewölbte. Einige stachen mich, weil sie scharfe Kanten hatten. Voll Scham, mit gesenktem und hochrotem Kopf, niedergedrückt, traurig, schuldbewußt und von anderen beobachtet, breitete ich die Scherben aus. Plötzlich veränderte sich etwas. Die braunen Tonscherben wurden zu leuchtend roten, gelben, blauen und grünen Glasscherben. Licht strahlte durch sie hindurch. Ich stand auf, um besser sehen zu können. Wieder wurde ich überrascht! Diese Scherben bildeten ein wunderschönes Bild, ein Mosaik von niegeahnter Schönheit. Ich stand da und schaute und staunte.«

> Ich liebe dich, denn du hilfst mir,
> aus dem Plunder meines Lebens
> nicht eine Schenke,
> sondern einen Tempel zu machen;
> aus den Werken meines Alltags
> nicht einen Vorwurf,
> sondern ein Lied.
> *(Roy Croft)*

# 3. Teil

# SENDUNG

# Sechstes Kapitel

## Unser Leben als eine Sendung

Die Erfahrung der Versöhnung will gefeiert und geteilt werden. Man kann die Freude, die die Neuentdeckung der Güte Gottes ausgelöst hat, einfach nicht für sich behalten. Vergebung macht den Menschen zu einem Apostel. Versöhnung führt in die Sendung. »Mach mich wieder froh mit deinem Heil; mit einem willigen Geist rüste mich aus! Dann lehre ich Abtrünnige deine Wege, und die Sünder kehren um zu dir« (Ps 51, 14–15; vgl. 16–17).

In unserer Sprache bezeichnet das Wort »Sendung« eine Aufgabe, die erfüllt werden soll und die oftmals eine örtliche Entfernung fordert. In der Bibel liegt der Akzent anders. Nicht die Entfernung ist wesentlich, sondern die enge persönliche Verbindung zwischen dem, der sendet, und dem, der gesandt wird. P. James Walsh SJ prägte den Satz: »Der Kern der Sendung ist das Innewohnen!« Das ist ein wirklich biblischer Zugang zum Begriff der Sendung.

In der Heiligen Schrift ist Sendung vor allem ein Sichtbarmachen des anderen, eine »Stellvertretung« für den anderen. Sendung bedeutet, auf den Sendenden hinweisen. Im Hebräischen wird der Gesandte *shaliach* genannt, und ein bekannter Grundsatz der Rabbiner lautet: »Der Gesandte ist wie der Sendende selbst.« Ob diese Sendung eine örtliche Entfernung verlangt, ist von sekundärer Bedeutung. Was die Sendung ausmacht, sind die persönliche Verbindung und die Transparenz, die den Sendenden gegenwärtig werden lassen im Gesandten. Es ist klar, daß damit ein hohes Maß an Selbstlosigkeit gefordert wird vom Menschen, der eine Sendung in diesem biblischen Sinn des Wortes annimmt.

Im Alten Testament finden wir viele Beispiele, die dieses Verständnis von Sendung illustrieren. Normalerweise ist die Trennungslinie zwischen Gott und seinem Boten sehr fein. Oft erscheint zu Beginn einer Erzählung der Engel Jahwes, der im Laufe des Berichtes dann einfach Gott genannt wird. So wird der Engel mit Gott gleichgesetzt. Es ist ein Erscheinen Gottes in der Gestalt eines Engels[1].

Im Neuen Testament faßt Jesus das Wesentliche der Sendung in diesem Doppelvers zusammen: »Amen, amen, ich sage euch: Wer einen aufnimmt, den ich sende, nimmt mich auf; wer aber mich aufnimmt, nimmt den auf, der mich gesandt hat« (Joh 13,20). Bei Lukas wird in diesem Grundsatz mehr der negative Aspekt betont: »Wer euch hört, der hört mich, und wer euch ablehnt, der lehnt mich ab; wer aber mich ablehnt, der lehnt den ab, der mich gesandt hat« (Lk 10,16). Aus dieser Sicht heraus wird die Sendung bei Markus verständlicher: »Da bestellte er zwölf, die er auch Sendboten nannte, daß sie mit ihm seien und daß er sie sende...« (3,14, Übersetzung von Fridolin Stier); hier sind das Bei-ihm-Sein und das Ausgesandt-Werden zwei Aspekte der einen Sendung.

### Jeder hat eine Sendung

Wenn wir Sendung nach dem biblischen Verständnis interpretieren, ist in Kirche jeder Christ ein Gesandter. Um es noch einmal zu sagen: Das bedeutet nicht, daß jeder Christ sich auf den Weg machen soll, vielleicht sogar in fremde Länder, sondern daß wir alle zur Lebens- und Schicksalsgemeinschaft mit Christus berufen sind. Das schließt ein Freiwerden von Egoismus und ein Sich-Öffnen auf Jesus hin ein. Diese Art der Sendung ist wesentlich für die Kirche und einen jeden in der Kirche. So wächst der

Glaube, und zwar zuerst einmal unser eigener Glaube. Denn eine Kirche, die zu sehr mit sich beschäftigt ist, verliert ihren Schwung und ihre Überzeugungskraft.

Das Schlußdokument der außerordentlichen Bischofssynode von 1985 sagt: »Das Licht der Völker ist Christus. Wenn die Kirche das Evangelium verkündet, muß sie dafür sorgen, daß dieses Licht auf ihrem Antlitz klar widerscheint (vgl. LG 1). Die Kirche wird glaubwürdiger, wenn sie weniger von sich selbst spricht, dafür immer mehr Christus als den Gekreuzigten predigt (vgl. 1 Kor 2,2) und ihn als ihr Leben bezeugt«[2]. In ähnlicher Weise gelangen Glaube, Hoffnung und Liebe in einzelnen Christen erst zur Reife, wenn sie mitgeteilt werden. Hier liegt das Geheimnis des raschen Wachstums der Urkirche.

Unsere Zeit bietet uns die gleiche Chance und Herausforderung. In der Einleitung zu seiner Enzyklika *Redemptoris Missio* (1991) erinnert Papst Johannes Paul II. in eindringlichen Worten daran: »Durch die Mission wird die Kirche tatsächlich erneuert, Glaube und christliche Identität werden bestärkt und erhalten neuen Schwung und neue Motivation. Der Glaube wird stark durch Weitergabe«[3].

Das Zweite Vatikanische Konzil hat dieser Sendung wieder neue Impulse gegeben. Diese wurden von der Gemeinsamen Synode der deutschen Bistümer gern und dankbar aufgegriffen und bewirkten einen spürbaren Wandel im Gemeindeleben. Die Dienste der haupt- und ehrenamtlichen Laienmitarbeiter und -mitarbeiterinnen sind aus der Liturgie, Diakonie und Seelsorge nicht mehr wegzudenken. Im Dekret über das Apostolat der Laien sagt das Konzil kurz und bündig: »Es gibt in der Kirche eine Verschiedenheit des Dienstes, aber eine Einheit der Sendung«[4]. In der Sendung sind alle Gläubigen vereint. Sie ist wichtiger als der Unterschied zwischen Klerikern und Laien und geht direkt aus der Taufe hervor. In der großen dogmatischen Konstitution über die Kirche »Lumen gentium« spricht das Konzil ausdrücklich von der »vocatio propria«, der eigenen Berufung der Laien (LG 31).

Die Sendung wird in einer großen Vielfalt der verschiedenen Charismen und Berufungen verwirklicht und bewirkt in dieser Pluriformität eine Einheit in Liebe. Der Primat der Sendung kann viele Gegensätze überbrücken, alte und neue Formen von Klerikalismus überwinden und ungesunde Spannungen in den Gemeinden abbauen; denn es gilt im buchstäblichen Sinn, daß die Sendung relativiert, d.h. ein Verhältnis schafft zu dem, der sendet, nämlich dem auferstandenen Jesus. In der Sendung liegt die Betonung nicht so sehr auf uns, sondern auf Gott, der in Jesus sendet. Auf diese Weise schafft die Sendung Einheit, ohne jedoch die Vielfalt zu beeinträchtigen. Jesus sendet nicht nur einen einzelnen, sondern alle. Wenn der, der alle sendet, deutlicher in die Mitte rückt, wird das Zusammenwirken harmonischer und das Zeugnis glaubwürdiger.

Es gibt eine große Vielfalt von Diensten und Charismen in der Kirche. Erst das tragende Bewußtsein der Sendung erzeugt die Harmonie. Weil die Konzilsväter hier wohl einige Schwierigkeiten witterten, fügten sie in der Kirchenkonstitution hinzu:

> Die geweihten Hirten wissen ja, daß sie von Christus nicht bestellt sind, um die ganze Heilsmission der Kirche an der Welt allein auf sich zu nehmen, sondern daß es ihre vornehmliche Aufgabe ist, die Gläubigen so als Hirten zu führen und ihre Dienstleistungen und Charismen so anzuerkennen, daß alle in ihrer Weise zum gemeinsamen Werk einmütig zusammenarbeiten (LG 30). Die geweihten Hirten aber sollen die Würde und Verantwortung der Laien in der Kirche anerkennen und fördern. Sie sollen gern deren klugen Rat benutzen, ihnen vertrauensvoll Aufgaben im Dienst der Kirche übertragen und ihnen Freiheit und Raum zum Handeln lassen, ihnen auch Mut machen, aus eigener Initiative Werke in Angriff zu nehmen. Mit väterlicher Liebe sollen sie Vorhaben, Eingaben und Wünsche, die die Laien vorlegen, aufmerksam in Christus in Erwägung ziehen. Die gerechte Freiheit, die allen im irdischen bürgerlichen Bereich zusteht, sollen die Hirten sorgfältig anerkennen (LG 37).

Es ist unbedingt notwendig, daß die Christen ihre je eigene Berufung und Sendung stets klarer erkennen, so daß die Gemeinde immer überzeugender der Ort wird, wo Gottes Liebe greifbar Gestalt gewinnt und von wo der christliche Glaube in unsere säkularisierte Welt ausstrahlen kann.

Gott wählt uns, seine Liebe einander zu zeigen.
Wir sind Gottes Vokabular, lebendige Worte,
um Stimme zu geben der göttlichen Güte
in und durch unsere Güte,
um Stimme zu geben Gottes Mitgefühl,
seiner Zärtlichkeit, seinem Sorgen, seiner Treue
in und durch uns.
*(Leo Rock SJ)*

In dieser Unterscheidung der persönlichen Sendung sind wir aufeinander angewiesen. Eine Grundüberzeugung, wie sie Kardinal Newman ausspricht, ist dafür sehr von Nutzen, wenn nicht unentbehrlich:

Gott hat mich erschaffen, um das zu sein und zu tun, was nur mir und keinem anderen bestimmt ist; ich habe einen Platz in den Absichten und in der Welt Gottes, den kein anderer einnimmt... Ich habe meine Sendung – hienieden mag sie mir verborgen sein, im anderen Leben aber wird sie mir offenbar werden. In irgendeiner Weise braucht er mich zur Ausführung Seiner Pläne. Ich bin an meinem Platz ebenso notwendig wie ein Erzengel an dem seinen. Wenn ich versage, kann er einen anderen rufen, denn er vermag auch aus Steinen Abraham Kinder zu erwecken. Ich habe also teil an dem großen Gotteswerk, ich bin ein Ring in der Kette, ein Faden in dem Band, das Menschen miteinander verbindet. Gott hat mich nicht umsonst erschaffen. Ich soll sein Werk erfüllen, so gut ich kann; ich soll in meinem Wirkungskreis ein Engel des Friedens, ein Prediger der Wahrheit sein, absichtslos, wenn ich nur seine Gebote halte und meiner Berufung gemäß ihm diene[5].

# SIEBTES KAPITEL

# Die österliche Sendung

In jedem der vier Evangelien werden schon während des öffentlichen Lebens Jesu mehrere Jüngeraussendungen erwähnt (im Lukasevangelium z.B. 5, 1–11; 6, 12–16; 9, 1–6; 10, 1–16). Wie bedeutungsvoll sie auch sind, so erscheinen sie doch nur als Vorspiele dessen, was erst nach Ostern seine volle Gestalt und sein ganzes Ausmaß erreichen wird. Alle Erscheinungen des auferstandenen Jesus kulminieren in einer Sendung, die keine Grenzen kennt. Das Finale des Matthäusevangeliums bildet den Höhepunkt dieser Sendung in einer vierfältigen Universalität:

- Alle Macht im Himmel und auf der Erde wird dem gegeben, der den Tod und den Ursprung des Todes, die Sünde, überwand. Durch den Sieg über diese beiden Mächte hat er auch die Herrschaft über alle anderen erlangt.
- Alle Nationen in Raum und Zeit gehören hinein in diese Sendung, die ja die ganze Welt und die ganze Geschichte umspannt. Die Botschaft des Heils ist für alle Menschen gemeint. Der Dienst des Gesandten ist ein Weltdienst.
- Alles, was Jesus seinen Jüngern aufgetragen hat, muß weitergegeben werden. Die Botschaft darf nicht geschmälert und nicht dem Zeitgeschmack angepaßt werden. Sie muß in ihrer Katholizität gepredigt werden, d.h. in ihrer Universalität und Ganzheit. Allerdings lautet die Aufgabe, zu lehren und nicht, zu *be*lehren.
- Alle Tage bis zum Ende der Welt bleibt Jesus bei denen, die er sendet. Die Sendung ist abhängig von dieser wirklichen, wenn auch unsichtbaren Nähe des Auferstandenen. In seinen Jüngern ist er gegenwärtig und tätig. Im ersten Kapitel des Matthäusevangeliums wird das Kind, das geboren werden soll, als Emmanuel angekündigt, als »Gott mit uns« (V. 23). Die letzte Zeile desselben Evangeliums offenbart dann das volle Ausmaß dieser Ankündigung.

Nur der Sohn, den der Allmächtige in der Kraft des Heiligen Geistes von den Toten erweckt hat, kann so allumfassend senden. In ihm bricht das Reich Gottes in seiner ganzen Fülle durch und stellt alles unter seinen Anspruch. Für jeden von uns bedeutet die Auferstehung Jesu ganz konkret und eindeutig, daß der Auferstandene in seiner Vollmacht unser Leben zu einer Sendung macht, es ganz in seine Sendung einbindet.

Der Inhalt der Sendung – welche Form auch immer sie annehmen mag – besteht darin, den Auferstandenen zu verkünden und den Samen der Auferstehung auszustreuen. In der Apostelgeschichte (1,22) definiert Petrus einen Apostel mit diesen Worten: »Mit uns (d.h. mit den anderen Jüngern) Zeuge seiner Auferstehung sein«. Das schließt ein, daß die Sendung Anteil hat an der österlichen Freude.

Ein wichtiges Merkmal dieser Sendung ist es, daß wir sie jeden Tag neu geschenkt bekommen. Wir können sie nicht ein für allemal empfangen; denn das würde bedeuten, sie sich anzueignen. Dann wäre sie nicht länger mehr Sendung. Eine vereinnahmte Sendung ist ein Widerspruch. Da ihr Kern eine Beziehung zwischen dem Sendenden und dem Gesandten ist, kann eine Sendung nie zu einem dauernden Besitz werden; sie erfordert im Gegenteil eine tägliche Hingabe an den, der sendet. Sendung heißt ja gerade, daß nicht länger *wir* Herr unseres Lebens sind, sondern daß ein anderer es ist.

Es gibt verschiedene herrliche Gebete der Hingabe. Eines ist das des außergewöhnlichen Einsiedlers Nikolaus von der Flüe († 1487), des Patrons der Schweiz:

> Mein Herr und mein Gott,
> nimm alles von mir, was mich hindert zu dir.
> Mein Herr und mein Gott,
> gib alles mir, was mich fördert zu dir.
> Mein Herr und mein Gott, nimm mich mir
> und gib mich ganz zu eigen dir.

Ein solches Gebet ist auch das Schlußgebet der Geistlichen Übungen des hl. Ignatius:

Nimm hin, o Herr, meine ganze Freiheit.
Nimm an mein Gedächtnis, meinen Verstand,
   meinen ganzen Willen.
Was ich habe und besitze,
hast du mir geschenkt.
Ich gebe es dir wieder ganz und gar zurück
und überlasse alles dir,
daß du es lenkst nach deinem Willen.
Nur deine Liebe schenke mir mit deiner Gnade.
Dann bin ich reich genug
und suche nichts weiter (234).

Bekannt ist auch das Gebet von Charles de Foucauld
(† 1916):

Mein Vater, ich überlasse mich dir,
mach mit mir, was dir gefällt.
Was du auch mit mir tun magst, ich danke dir.
Zu allem bin ich bereit, alles nehme ich an.
Wenn nur dein Wille sich an mir erfüllt,
und an allen deinen Geschöpfen,
so ersehne ich nichts weiter, mein Gott.

In deine Hände lege ich meine Seele.
Ich gebe sie dir, mein Gott, mit der
   ganzen Liebe meines Herzens,
weil ich dich liebe
und weil diese Liebe mich treibt,
   mich dir hinzugeben,
mich in deine Hände zu legen, ohne Maß,
mit einem grenzenlosen Vertrauen,
denn du bist mein Vater.

Das älteste, kürzeste und umfassendste all dieser Gebete der
Hingabe ist Marias »Fiat« (Lk 1,38).
Diese und ähnliche Gebete[1] können nie genug empfohlen
werden; und doch sind sie bloße Worte. Sendung jedoch ist
Hingabe, nicht nur in Worten, sondern in der Realität des
Alltags. Das ist immer eine Herausforderung; denn Sen-
dung setzt die Bereitschaft voraus, dem Ruf anderer zu fol-

gen, auch in Entscheidungen, die nicht vorauszusagen sind.
Das hält unser Leben in der Schwebe.

In der Sendung ist man voll und ganz da, mit Herz und Leib
und Seele, und ist doch gleichzeitig frei und bereit, eine andere Aufgabe auf sich zu nehmen oder an einen anderen Ort
zu gehen. Das erfordert innere Spannkraft. Gelegentlich
macht jemand hinsichtlich der Sendung einen Rückzieher;
er verfällt einer gewissen Rastlosigkeit (er ist nicht wirklich
ganz und gar »da«) oder Unbeweglichkeit (er kann oder
will nicht mehr etwas anderes). In beiden Fällen ist die gesunde Spannung der Sendung verlorengegangen. Nur in der
bleibenden Verfügbarkeit für die Anweisungen und Wünsche eines anderen, der eben *anders* ist, hat das Wort Sendung einen Sinn.

Es ist nicht leicht, das Gespür für die Sendung lebendig zu
halten. Wenn z.B. ein Ordensmann oder eine Ordensfrau
nach vielen Jahren eine neue Aufgabe erhält, kann das
schmerzlich sein und echte Nachteile mit sich bringen.
Aber es kann auch die Hingabe vertiefen und läutern. Es ist
von entscheidender Bedeutung, daß das Sendungsbewußtsein mit den Jahren nicht abnimmt, sondern wächst. Sendung ist ja schließlich die konkrete Gestalt unserer Hingabe
an Gott und unserer Liebe zum Herrn.

In Priesterexerzitien beschreibt Kardinal Carlo Martini SJ
von Mailand vier Ursachen, die das Sendungsbewußtsein
trüben können[2]:

1. Unzulängliches Gebet, entweder hinsichtlich der Quan-
   tität oder der Qualität.
2. Mangelnde Zucht im leiblichen Bereich: Essen, Trinken,
   Bewegung, Schlaf usw.
3. Mangelhafte geistliche Weiterbildung oder versäumte
   geistige Integration der körperlichen, spirituellen und
   affektiven Bereiche.
4. Eine raffinierte Lebenslüge.

Bei zwei Gelegenheiten spricht Jesus einen fast identischen Satz aus: »Wie mich der Vater gesandt hat, so sende ich euch.« Das erste Mal wird dieser Satz im Hohenpriesterlichen Gebet kurz vor seinem Leiden gesprochen (Joh 17,18), das zweite Mal am Auferstehungstag (Joh 20,21). Jesus sagt damit, daß unsere Sendung eine Fortführung der seinen ist. Wenn wir also unsere Sendung richtig verstehen wollen, müssen wir immer wieder über die Sendung Jesu nachsinnen, um so unser Denken, unsere Prioritäten und unser Handeln ihm gleichförmig zu machen.

Vor allem das Johannesevangelium enthält zahlreiche Stellen, die die Wichtigkeit der Sendung im Leben Jesu bezeugen. Es ist keine Übertreibung zu sagen, daß Jesu Leben ganz und gar geprägt war von seiner Sendung. Er tat nie seinen eigenen Willen, sondern suchte stets den seines Vaters:

– Meine Speise ist es, den Willen dessen zu tun, der mich gesandt hat (4,34).

– Ich bin nicht vom Himmel herabgekommen, um meinen Willen zu tun, sondern den Willen dessen, der mich gesandt hat (6,38).

– Ich kenne den Vater, weil ich von ihm komme und weil er mich gesandt hat (7,29).

– Er, der mich gesandt hat, ist bei mir; er hat mich nicht alleingelassen, weil ich immer das tue, was ihm gefällt (8,29).

Es ist faszinierend zu beobachten, daß es Jesu Sendungsbewußtsein war, das die Grundlage bildete für sein außergewöhnliches Geschick in den zwischenmenschlichen Beziehungen.[3] Er hatte vor niemandem Angst, und es gab für ihn auch keine Tabus. Er war ein völlig freier Mensch. Diese außerordentliche Freiheit setzte er ganz für andere ein. Mit seinem ganzen Wesen wandte er sich einem jeden Menschen persönlich zu, ohne abgelenkt zu sein von der leisesten Spur von Eigeninteresse.

Die Menschen, die Jesus traf, erfuhren diese Begegnung als ungewohnt wohltuend und befreiend. In ihnen allen lockte er das Beste hervor. In seiner Gegenwart durfte und konnte jeder ganz er selbst sein. In Jesus war Raum für jeden. Man spürte bei ihm niemals auch nur die entfernteste Versuchung, sich der Menschen zu bedienen, sie zu manipulieren, geschweige denn jemanden abzuschreiben.

Jesus kannte keine Kontaktscheu, war aber in all seiner Kontaktfreudigkeit niemals oberflächlich oder selbstbezogen. Er fürchtete auch keine Konfrontation und keinen Konflikt, sondern konnte Konflikte austragen, ohne unfair zu werden oder die innere Ruhe zu verlieren. Bei all dem behielt er immer den *Menschen* im Blick und zeigte echtes, warmes Interesse für das wahre Selbst des anderen, ohne jemals jemanden zu vereinnahmen oder fallen zu lassen. Mit einer offensichtlichen Leichtigkeit ging Jesus in aufrichtiger, herzlicher Zuneigung mit den Menschen um.

Diese außerordentliche Kommunikationsfähigkeit ist faszinierend. Natürlich fragt man sich, wo Jesu Geheimnis liegt, das ihn zu einem so einzigartigen Umgang mit Menschen befähigt. Diesem Geheimnis begegnen wir auf jeder Seite des Evangeliums. Der Mittelpunkt seiner Person und seines Verhaltens war sein Vater. Sein Vater war sein Leben. Immer wieder sprach er von ihm. Seine Vertrautheit mit dem Vater und seine vorbehaltlose Liebe zu ihm waren ganz offensichtlich. Sein Vater-Verhältnis war vollkommen ungestört, ungetrübt und ohne jedweden Komplex. Diese Einheit mit seinem Vater war die allumfassende, allbestimmende Kraft seiner Persönlichkeit, das Alpha und Omega seines Lebens. Aus der Klarheit und Geborgenheit dieser Nähe empfing Jesus seine Lebendigkeit und Offenheit. Seine Sendung war eigentlich nichts anderes als das im Alltag gelebte einzigartige Abba-Verhältnis.

Jesu Sendung hat also tiefe Wurzeln. Ihr Ursprung reicht hinein in den Schoß der Heiligsten Dreifaltigkeit, der Quelle aller Liebe und jeden Lebens. Nach der klassischen Theologie ist der innergöttliche Hervorgang (processio) des Sohnes aus dem Vater im Heiligen Geist identisch mit der göttlichen Sendung des Eingeborenen zur Menschheit (missio). »Als die Fülle der Zeit gekommen war« (Gal 4,4), wurde die processio zur missio, das Wort wurde Fleisch, wurde in die Welt gesandt, um teilzuhaben am menschlichen Leben und es so zu erlösen. Damit ist gesagt, daß in Jesus Person und Sendung ein und dasselbe sind. Er identifiziert sich ganz und gar mit seiner Sendung. Er hat keine Vorbehalte und hält nichts zurück.

Die Ganzheitlichkeit, in der Jesus seine Sendung lebte, ist einzigartig. Gerade in seiner Sendung ist er Gottes menschgewordener Sohn. In Jesus ist die Anwesenheit des Sendenden im Gesandten unübertroffen: »Ich und der Vater sind eins« (Joh 10,30). Das macht sein Verhalten so harmonisch und erlösend. Man spürt das Einssein zwischen Jesus und seinem Vater und deshalb auch zwischen Jesus und uns. Der Gehorsam gegenüber seiner Sendung führte zu seinem Tod, zum Tod am Kreuz, doch dann auch zu einem Namen, der größer ist als alle Namen (vgl. Phil 2,8–9) und der seine göttliche Identität bezeugt.

Jesus lebte nur 33 Jahre. Obschon dieses Alter mehr oder weniger der mittleren Lebenserwartung seiner Zeit entsprach, halten wir sein Leben doch für kurz, sogar für zu kurz. Er verbrachte es in einem kleinen Land im Mittelmeerraum, das er nie verlassen hat. Seine Sendung durfte jedoch nicht auf einen solch engen Raum und eine so kurze Zeit beschränkt bleiben. Und hier beginnt unsere Aufgabe. Der Allmächtige braucht uns, um die Sendung seines Sohnes fortzuführen, und der Heilige Geist sucht unermüdlich nach einem anderen Leib, in dem er die Menschwerdung fortsetzen kann. Im vollsten Sinn des Wortes vermag Jesus zu sagen: »Ich habe keine Hände als nur die deinen.« Daher lautet die Abschiedsbotschaft des Auferstandenen: »Wie der Vater mich gesandt hat, so sende ich euch« (Joh 20,21). Die Sendung eines jeden Christen ist im Brief des hl. Paulus an die Römer klar umrissen: »Alle, die Gott im voraus erkannt hat, hat er auch im voraus dazu bestimmt, an Wesen und Gestalt seines Sohnes teilzuhaben, damit dieser der Erstgeborene von vielen Brüdern und Schwestern sei« (8,29). Für Teilhard de Chardin ist diese Aussage in ihrem Kontext (V. 18–39) das Hohelied der Hoffnung, so wie 1 Kor 13 das Hohelied der Liebe ist. Er paraphrasiert: »Es gibt nur ein Ereignis in der gesamten Geschichte: die Menschwerdung.« Der gesamte Prozeß der kosmischen

Evolution erreicht seinen Höhepunkt und seine Vollendung im Punkt Omega, wenn Christus alles in seiner Person integriert hat. Die Überzeugung, daß Christus in allen Christen weiterlebt, wird sowohl bei Paulus wie bei Johannes klar zum Ausdruck gebracht. Paulus sagt: »Nicht mehr ich lebe, sondern Christus lebt in mir« (Gal 2,20). Johannes bringt das Bild der Reben, die nur Frucht tragen können, solange der Saft des Weinstocks in ihnen strömt (Joh 15). Negativ gesagt: »Wie die Rebe aus sich keine Frucht bringen kann, sondern nur, wenn sie am Weinstock bleibt, so könnt auch ihr keine Frucht bringen, wenn ihr nicht in mir bleibt« (V. 4). Und positiv formuliert: »Wer in mir bleibt und in wem ich bleibe, der bringt reiche Frucht« (V. 5). Es gibt also keine Frucht ohne die Einheit mit dem Herrn, mit ihm aber in Fülle. Das ist verheißungsvoll. Noch größere Fruchtbarkeit sogar kann erzielt werden, wenn die Rebe gereinigt wird (V. 2).

## Trinitarische Sendung

Zwei Verse des Johannesevangeliums sind bis auf zwei Worte identisch. Joh 20,21 lautet: »Wie mich der Vater gesandt hat, so sende ich euch.« In Joh 15,9 lesen wir: »Wie mich der Vater geliebt hat, so liebe ich euch.« Offensichtlich sind die Worte Liebe und Sendung austauschbar. Sendung ist die konkrete Gestalt der Liebe, und zwar auf vielerlei Weise. Die Liebe des Vaters zum Sohn ist der Ursprung aller Sendung, während die Liebe des Sohnes zu seinem Abba die treibende Kraft ist. Die Liebe des dreifaltigen Gottes zu uns drückt sich in der Sendung aus, geradeso wie unsere Liebe zu Gott und zueinander in der Sendung Gestalt gewinnt. Sendung ist immer ein Weiterströmen der Liebe Gottes zum Nächsten durch den hindurch, der gesandt wird.

Diese Liebe hat am Anfang der Zeiten die Welt geschaffen und tritt in ihr in Erscheinung. Sie kann deshalb in allen Dingen gefunden und erfahren werden. In der Mitte der Zeiten hat diese Liebe sich im fleischgewordenen Wort

Gottes endgültig und unverkürzt inkarniert. »Wir haben seine Herrlichkeit gesehen ... aus seiner Fülle haben wir alle empfangen, Gnade über Gnade« (Joh 1,14–18). In der gegenwärtigen Zeit setzt diese Liebe sich fort in allen Menschen, die im Glauben mit ihrer ganzen Person für die Sendung verfügbar sind, und so die Liebe für die heutige Generation konkret erfahrbar machen.

So ist tatsächlich der Inhalt der Sendung die dynamische, sich immer weiter entfaltende Liebe, die Gott zu uns hat und der unsere Liebe zu entsprechen sucht. Wenn auch das Ziel unseres Lebens die Rückkehr zu Gott ist, von dem wir ausgegangen sind, so können wir dabei doch an der Welt nicht vorbeigehen. Nicht unsere Rückkehr zu Gott ist das erste, sondern unsere Teilnahme an Gottes Hineingehen in die Welt.

In der ignatianischen Spiritualität nimmt die apostolische Sendung einen zentralen Platz ein. Im November 1538, noch ehe sie sich entschlossen hatten, einen religiösen Orden zu gründen, boten die »Freunde im Herrn« in der Erfüllung ihrer auf dem Montmartre in Paris am 15. August 1534 gemachten Gelübde ihre kleine Gesellschaft dem Papst an. Sie drückten ihre Bereitschaft aus, sich dorthin senden zu lassen, wo immer die größere Verherrlichung Gottes und der Dienst an den Menschen erhofft werden konnten. Wie eindeutig diese Sendung in einer trinitarischen Perspektive verstanden wird, zeigt ein knapper Text aus dem »Geistlichen Tagebuch« des hl. Ignatius: »Zugleich kamen mir noch weitere Einsichten: wie zuerst der Sohn die Apostel in Armut zum Predigen ausgesandt hatte, wie sie danach der Heilige Geist bestätigte, indem er ihnen seinen Geist und die Sprachengabe verlieh, und wie dadurch, daß der Vater und der Sohn den Heiligen Geist senden, alle drei Personen diese Sendung bestätigt haben«[4].

Ein moderner Kommentar erklärt: »Apostolische Sendung hat Anteil an der dreifaltigen Erlöserliebe Gottes, die sich der Welt zugewandt hat. Ignatius gebraucht für das ›Senden‹ der Apostel in Armut zum Predigen wie für das ›Senden‹ des Heiligen Geistes durch Vater und Sohn dasselbe Wort: *inviare*. Das läßt ahnen, wie tief für ihn der Apostel in das trinitarische Leben selbst hineingenommen wird.«[5]

# ACHTES KAPITEL

# Wie Jesus sendet

Der trinitarische Ursprung der Sendung ist keine bloß dogmatische Lehre, sondern gibt uns auch praktische Mittel an die Hand, wie wir unsere Sendung fruchtbar machen können. Jesus sagt: »Nicht ihr habt mich erwählt, sondern ich habe euch erwählt und dazu bestimmt, daß ihr euch aufmacht und Frucht bringt und daß eure Frucht bleibt« (Joh 15,16). Kurz zuvor hatte er gesagt »Mein Vater wird dadurch verherrlicht, daß ihr reiche Frucht bringt und meine Jünger werdet« (Joh 15,8). Unmittelbar danach enthüllt er uns das Geheimnis dieser Fruchtbarkeit: »Wie mich der Vater geliebt hat, so habe auch ich euch geliebt. Bleibt in meiner Liebe!« (Joh 15,9).

Nach Jesu Worten ist es nicht genug, lediglich von Zeit zu Zeit an diese Liebe zu denken, wir sollen vielmehr dort unser Zuhause aufschlagen, genauso wie Jesus beim Vater sein Zuhause hatte. Das Anliegen seines Lebens ist es, uns in die Vertrautheit mit seinem Vater und dem Heiligen Geist zu führen, in der er selbst immer verwurzelt war und ist, so daß auch wir, von aller Furcht befreit, mit ihm im Heiligen Geist sagen können: »Abba« (vgl. Röm 8,14–15).

## Nicht eigenmächtig

Als Jesus die 72 Jünger aussandte, sagte er zu ihnen: »Die Ernte ist groß, aber es gibt nur wenig Arbeiter.« Man würde erwarten, daß er sie nun aufgefordert hätte, um so mehr zu *arbeiten*. Statt dessen schärfte er ihnen ein zu *beten:* »Bittet also den Herrn der Ernte, Arbeiter für seine Ernte auszusenden« (Lk 10,2). Bittet! Wir können bitten, daß Gott andere Menschen sende; das Gebet um Berufungen hatte in der christlichen Tradition immer einen bevorzugten Platz. Wir können aber auch bitten, daß Gott uns sende. Eines ist jedenfalls sicher: Wir vermögen nur dann im Weinberg Gottes zu arbeiten, wenn wir gesandt sind; denn Gott ist der Herr der Ernte.

In der Parabel von den Arbeitern im Weinberg fragt der Gutsherr jene, die um fünf Uhr nachmittags noch auf dem Marktplatz stehen: »Was steht ihr hier den ganzen Tag untätig herum?« Sie antworten zutreffend: »Niemand hat uns angeworben« (Mt 20,6). In seinem Brief an die Römer stellt Paulus die rhetorische Frage: »Wie soll aber jemand verkündigen, wenn er nicht gesandt ist?« (10,15). Man könnte hinzufügen: »*Was* soll er dann verkündigen?« Oder noch genauer: »*Wen* soll er dann verkündigen? Etwa sich selbst?«

Sendung ist immer ein Ruf über unsere professionelle Kompetenz hinaus. Berufliches Können ist zwar durchaus erforderlich, aber es genügt nicht. Das erklärt die schmerzliche Erfahrung, daß keine Ausbildung für das geistliche Amt jemals ausreicht. Das schützt uns aber auch davor, etwas erzwingen zu wollen oder uns zu überanstrengen. Was auf dem Spiel steht, ist nicht etwas, was wir mit ein wenig mehr Anstrengung erreichen könnten. Es geht um eine Dimension, zu der wir einfach aus eigener Kraft keinen Zugang haben.

Unsere Sendung muß im »Jenseitigen« verwurzelt sein, und sie wird in dem Ausmaß fruchtbar, in dem der »Jenseitige« hindurchscheint: Das ist die Weisheit der biblischen Auffassung von Sendung.

Jesus ist dafür das vollkommene Beispiel. Ganz gleich, wo immer er auch seine Ausbildung erhalten haben mag, er war zweifellos für seinen Dienst aufs höchste qualifiziert. Und doch war seine wirkliche Stärke nicht sein Professionalismus, sondern sein Durchsichtig-Sein auf den »Jenseitigen« hin, der zu einem unüberbietbaren Grad durch ihn hindurchstrahlte. Sein Einssein mit seinem Vater war sein letztes Geheimnis.

Die Sendung muß angenommen, kann aber niemals gefordert werden. Es ist das Privileg des Sendenden, jemanden zu senden: »Nicht ihr habt mich erwählt, sondern ich habe euch erwählt« (Joh 15,16). Im Markusevangelium werden

64

wir in ähnlicher Weise darauf hingewiesen: »Jesus stieg auf einen Berg und rief die zu sich, die er erwählt hatte« (3,13). Sendung erfolgt auf Jesu Initiative. Sie verlangt von uns, daß wir uns restlos zur Verfügung stellen für das Erlösungswerk, das er durch uns vollbringen will. Er schickt uns nicht unbedingt dorthin, wo wir die größte Erfüllung finden, uns am vorteilhaftesten zeigen oder unsere Talente am besten entfalten können. Er läßt auch andere Kriterien gelten, die gelegentlich den Vorrang haben. Die Sendung, die er uns anvertraut, kann sogar widersprüchlich und wenig anziehend sein. Dessen aber können wir versichert sein: Sie wird vielen Frieden und Freiheit bringen, einschließlich uns selbst.

Es gibt einen subtilen, aber wichtigen Unterschied zwischen den beiden Ausdrücken »Wirken für Gott« und »Gottes Werk tun«, wie Thomas H. Green SJ aufgezeigt hat[1]. Der erste Ausdruck erinnert an einen freischaffenden Künstler, der langfristige Verpflichtungen ablehnt, unabhängig entscheidet, welche Arbeit er in Angriff nehmen will, und dann das Ergebnis dem Höchstbietenden offeriert. In diesem Fall wird das Endprodukt Gott angeboten, aber man weiß noch nicht, ob er es annimmt oder nicht. Beim zweiten Ausdruck liegt die Entscheidung des Tuns bei Gott, von dem man sich in Anspruch nehmen läßt. Unser Tun ist dann von Anfang an Gottes Werk.

Die Geistlichen Übungen des hl. Ignatius sind darauf ausgerichtet, zwischen dem zu unterscheiden, was Gott von uns getan haben will, und dem, was wir selbst für Gott tun möchten. Es genügt nicht, daß wir dem Allmächtigen nach unserer eigenen Fasson dienen. Nein, Gott soll sich unser frei bedienen dürfen. Wir können sicher sein, daß Gottes Wille nie eine Bedrohung für unser Wohlergehen ist. Gott liebt uns mehr, als wir uns selbst lieben!

Gott ist der, der uns unbedingt angeht, denn ihm verdanken wir restlos unser ganzes Sein. Menschen möchten gewöhnlich *etwas* von uns: unser Geld, unsere Zeit, unsere Fähigkeiten, den Kontakt mit uns u.ä. Gott möchte *uns* im vollsten Sinn des Wortes. Das nennen wir Schöpfung. Der Allmächtige nimmt uns 100prozentig ernst und vertraut uns als Beweis dafür eine Sendung an. Diese Sendung kann für uns eine Bürde bedeuten, sie verlangt Disziplin, Askese, Hingabe, Selbstlosigkeit und vor allem Vertrauen. Wir können ja so wenig vorweisen oder beweisen. Wir haben selbst kaum etwas in der Hand. Wir haben nur unser Vertrauen auf Gott, auf den wir ganz und gar bauen. Es ist der reine Glaube. Die Botschaft, die wir im Namen Gottes vermitteln sollen, ist zweifellos befreiend und friedenstiftend; aber zunächst einmal kann sie auch herausfordernd und schwer begreiflich sein.

Unsere Aufgabe ist von einer ethischen Ebene in den Bereich einer persönlichen Beziehung verlagert worden, wo der Sendende im Gesandten gegenwärtig und tätig ist. Der Hebräerbrief endet mit dem Gebetswunsch, daß der Gott des Friedens »in uns bewirke, was ihm gefällt« (13,21). Auf diese Weise sind wir befreit vom Druck, alles selbst vollbringen zu müssen. Wir hätten einen »Gotteskomplex« (Horst E. Richter), wenn wir handeln wollten, als ob die Erlösung der Welt allein auf unseren Schultern ruhte. Haben wir einmal verstanden, was die Schrift unter dem Wort Sendung versteht, sind wir von einer solchen selbstgebastelten Überforderung befreit. In der Bibel heißt es: »Alles, was wir bisher erreichten, hast du für uns getan« (Jes 26,12). Und: »Seine Geschöpfe sind wir, in Christus Jesus dazu geschaffen, in unserem Leben die guten Werke zu tun, die Gott für uns im voraus bereitet hat« (Eph 2,10). Uns bleibt nur das »Nachpolieren«.

Mitarbeit könnte jedoch so verstanden werden, als sei unser Tun eine Ergänzung zu Gottes Werk oder umgekehrt. Das wäre ein Mißverständnis. Gott tut alles, und so auch wir: Gott auf göttliche und wir auf menschliche Weise. Man hat das *synergie* genannt. Das Wort selbst ist nicht wichtig. Von Bedeutung ist die Einsicht, wie sehr unser Tun von Gottes Handeln durchdrungen und von ihm getragen wird. Dieses Bewußtsein schenkt uns Frieden und Gelöstheit, bewahrt uns vor Entmutigung und Härte und setzt in uns eine sanfte Kraft frei.

## Auf den Herrn vertrauen

Als Jesus die 72 Jünger aussandte, forderte er sie heraus: »Nehmt keinen Geldbeutel mit, keine Vorratstasche und keine Schuhe« (Lk 10,4). Nehmt nur Frieden mit als Reisegepäck. Das klingt sehr hart. Und doch liegt in diesen Worten Jesu Sorge um uns. Wir beunruhigen uns darüber, daß uns etwas abgehen oder fehlen könnte. So geht unser erster Gedanke dahin, Güter zu horten oder uns eine ansehnliche Kreditkarte zu besorgen. Jesus sorgt sich hingegen, daß wir zu viel besitzen könnten und dadurch unsere Lebendigkeit und Fruchtbarkeit ersticken. »Unter die Dornen ist der Same bei denen gefallen, die das Wort Gottes zwar hören, dann aber weggehen und es in den Sorgen, dem Reichtum und den Genüssen des Lebens ersticken, deren Frucht also nicht reift« (Lk 8,14). In unserer Ängstlichkeit suchen wir uns mit allen möglichen stillen Reserven zu polstern, wissen aber tief im Herzen sehr wohl, daß wir unsere Unsicherheit nicht durch materielle Dinge überwinden können. Jesus möchte uns diesen Irrweg ersparen.

Was wie eine überstrenge Forderung aussieht, ist in erster Linie eine Ermutigung, unser Vertrauen auf Gott zu setzen. Das gehört ja wesentlich zur Sendung. Eine Sendung ohne Vertrauen auf den Sendenden wäre eine Karikatur. Die wahre Armut besteht darin, unser Selbst loszulassen und Gott anzuvertrauen. Armut und Sendung sind so eng verbunden, daß eine Sendung in Armut voll glaubwürdig ist.

Ein indischer Hindu-Professor anerkannte in einem Brief an einen Priesterfreund viele der Werte der katholischen Kirche, teilte ihm aber auch zwei kritische Beobachtungen mit. Zunächst, daß bei uns zu viel geredet wird, dann, daß wir zu reich ausgestattet und abgesichert sind.

Die beiden Schwächen scheinen miteinander verwandt zu sein und darauf hinzudeuten, daß in uns eine Tendenz am Werk ist, die alles unter Kontrolle haben möchte. Diese beiden Mängel hinderten diesen hochstehenden Menschen daran, Gott in unserer Kirche zu finden.

In unserer westlichen Welt sind wir schnell bereit, das Gegenteil zu betonen und darauf hinzuweisen, daß in unserer

Kultur die Wichtigkeit der Sendung einen nicht geringen Lebensstandard erfordert. Obwohl darin ein Körnchen Wahrheit enthalten ist, hat Jesus selbst sich niemals darum bemüht, es in seine Lehre einzubringen. Er predigte und lebte stets die Armut. Aber wir finden so schnell Gründe, die Botschaft des Evangeliums zu verwässern. Nicht selten erlauben wir uns der Frohbotschaft gegenüber Kompromisse. Aber wo gleitet der Kompromiß ins Kompromittieren ab? Die heutige Wohlstandsgesellschaft mit ihrer verdächtigen Übersättigung treibt uns immer rascher und raffinierter in die falsche Richtung.

Ein Missionar machte einmal am Ende seines Heimaturlaubs mit einem Augenzwinkern die Bemerkung: »Ich bin glücklich, aus der Armut des Reichtums in den Reichtum der Armut zurückzukehren.« Wenn wir wirklich danach trachten, Jesus nachzufolgen, müssen wir uns entschieden an dem *armen* Jesus ausrichten. Sonst gibt es keine Möglichkeit, dem inneren und äußeren Druck unserer Konsumgesellschaft zu widerstehen. Ohne diesen entschiedenen Widerstand würde unsere Sendung ausgehöhlt.

Von Anfang an war Jesu Sendung eine Sendung der Selbstentäußerung (vgl. Phil 2,7–8). Wir werden aufgefordert, »so untereinander gesinnt zu sein, wie es dem Leben in Christus Jesus entspricht« (V. 5) und die Selbstentäußerung Jesu zu leben. Wir dürfen also aus unserer Sendung kein Geschäft machen. Sicherlich, »wer arbeitet, hat ein Recht auf seinen Lohn«, doch im gleichen Atemzug wird uns auch gesagt: »Umsonst habt ihr empfangen, umsonst sollt ihr geben« (Mt 10,8.10). Die Botschaft lautet unmißverständlich, daß wir nicht unsere eigene Bereicherung anstreben dürfen, mag sie nun in Geld, Karriere, Lebensstandard, Bestätigung, Ansehen, Anerkennung, Einfluß, Herrschaft oder Macht bestehen. Gott gibt uns normalerweise durch Menschen hochherzig, was wir brauchen, um ein erfülltes Leben führen zu können. Darum brauchen wir uns nicht ängstlich zu sorgen.

So wie Jesus in seinem Vater eine solche Sicherheit fand, daß er freier war als die Füchse mit ihren Höhlen und die Vögel mit ihren Nestern (vgl. Lk 9,58), so können auch wir in Jesus so viel Zuversicht und Erfüllung finden, daß wir zu dienen vermögen, ohne Gewinn suchen zu müssen. In Jesus haben wir die kostbare Perle gefunden, für die wir mit Freude alles andere hergeben (vgl. Mt 13,44–46).

Evangelische Armut ist der Ausdruck einer Erfüllung und einer inneren Freiheit, die uns fähig machen, ganz einfach zu leben. Ihr Wesen ist nicht Mangel, sondern Fülle; nicht harter Verzicht, sondern innerer Reichtum. »In ihm allein wohnt wirklich die ganze Fülle Gottes. Durch ihn seid auch ihr davon erfüllt« (Kol 2,9–10).

Eine hinduistische Geschichte beschreibt diesen inneren Reichtum und diese Erfüllung in leuchtenden Farben:

Der Sannyasi hatte den Dorfrand erreicht und ließ sich unter einem Baum nieder, um dort die Nacht zu verbringen, als ein Dorfbewohner angerannt kam und sagte: »Der Stein! Der Stein! Gib mir den kostbaren Stein!«
»Welchen Stein?« fragte der Sannyasi.
»Letzte Nacht erschien mir Gott Shiwa im Traum«, antwortete der Dörfler, »und sagte mir, ich würde bei Einbruch der Dunkelheit am Dorfrand einen Sannyasi finden, der mir einen kostbaren Stein geben würde, so daß ich für immer reich wäre.«
Der Sannyasi durchwühlte seinen Sack und zog einen Stein heraus. »Wahrscheinlich meinte er diesen hier«, sagte er, als er dem Dörfler den Stein gab. »Ich fand ihn vor einigen Tagen auf einem Waldweg. Du kannst ihn gern haben.«
Staunend betrachtete der Mann den Stein. Es war ein Diamant. Wahrscheinlich der größte Diamant der Welt, denn er war so groß wie ein Menschenkopf.
Er nahm den Diamanten und ging weg. Die ganze Nacht wälzte er sich im Bett und konnte nicht schlafen. Am nächsten Tag weckte er den Sannyasi bei Anbruch der Dämmerung und sagte: »Gib mir den Reichtum, der es dir ermöglicht, diesen Diamanten so leichten Herzens wegzugeben«[2].

Jesus sendet uns aus »wie Lämmer mitten unter die Wölfe« (Lk 10,3). Mit diesem Bild macht er uns klar, daß wir uns jeglicher Macht entäußern sollen. Dieser Aufruf gilt sowohl für den einzelnen wie für die Gemeinschaft. Die Geschichte der Kirche bestätigt, daß der Glaube am fruchtbarsten war in jenen Zeitspannen, in denen die Sendung der Kirche entweder kaum toleriert oder als nicht konform mit den Interessen des Staates abgelehnt wurde.

Natürlich ist es alles andere als eine Idylle, ein Lamm unter den Wölfen zu sein. Die Urkirche lernte das auf leidvolle Weise. Jesus hat seinen Gesandten aber auch nie eine Idylle versprochen. Er versprach vielmehr Fruchtbarkeit und Frieden, wie die Welt sie nicht geben kann. Gerade weil die biblische Sendung auf einem vertrauten persönlichen Verhältnis beruht, ist sie verwundbar. Das, was ihre Stärke ausmacht, kann, wenn es vernachlässigt wird, ihren Zusammenbruch verursachen. Ihr Geheimnis wird immer sein: »Bleibt in meiner Liebe« (Joh 15,9).

# 4. Teil

# FRUCHTBARKEIT

# Neuntes Kapitel

# Gesandt, um Frucht zu tragen

*Eine Besinnung über die Parabel vom Sämann*

In einer breit angelegten Parabel vom Sämann gebraucht Jesus den Samen als Bild für das Wort Gottes: »Der Same ist das Wort Gottes« (Lk 8,11). Das Wesen des Samens ist es, Frucht zu tragen. Ebenso ist das Wort Gottes dazu bestimmt, Frucht hervorzubringen. Die Menge der Frucht, die es erzeugt, hängt, wie Jesus erläutert, in erster Linie davon ab, wie bereit wir sind, dieses Wort aufzunehmen. Eine Reflexion über unser Leben im Licht dieser Lehre kann, wenn wir sie in uns einlassen und in Ruhe überdenken, dazu beitragen, den Zusammenhang vieler Aspekte unseres Lebens aufzudecken[1]. Verweilen wir bei der Bedeutung eines jeden Samens für uns ganz persönlich.

Ich suche einen ruhigen Ort auf und nehme eine ehrfürchtige, gelöste Haltung ein. Ich fühle mein Da-Sein. Ich achte aufmerksam auf die verschiedenen Geräusche und lasse sie zu. Nachdem ich den Ort in mich aufgenommen habe und mit ihm vertraut geworden bin, schließe ich meine Augen oder richte sie ohne Zwang auf einen ruhigen Punkt. Ich lasse die mich umgebenden Gerüche ruhig auf mich einwirken. Ich nehme meinen Körper wahr, meine Kleidung, den Fußboden, den Stuhl, die Kniebank oder den Gebetshocker. Ich achte auf meinen Atem. Alles bejahe ich friedvoll. Jetzt bin ich wirklich »da«, angelangt »bei mir«.

Dann erhebe ich mein Herz zu Gott und koste es aus, wie der Allmächtige auf mich schaut in Liebe und Freude. Es ist gut, in der liebevollen Gegenwart des Allheiligen zu sein. Ich lasse mich von Gott lieben, dem ich mein ganzes Sein verdanke. Der Höchste hält mich mit mächtiger Hand. Wenn auch unbegreiflich, so ist es doch beruhigend zu glauben, daß Gott mich weit mehr liebt als ich mich selbst. Ich neige mich in tiefer Ehrfurcht, Dankbarkeit wallt in mir auf. Ich bitte um die besondere Gnade, die ich in dieser Meditation finden möchte, z.B., daß mein Leben hundertfältige Frucht tragen möge, Frucht, die bleibt; oder daß ich in Gottes Liebe verwurzelt sei und mit ihm vereint lebe, oder daß ich mich selbst und mein bisheriges Leben annehmen kann und ausgesöhnt und in Frieden bin, oder welche Bitte auch immer in mir hochkommen mag.

Jetzt stelle ich mir vor, ich befinde mich inmitten der Menge, die Jesus zuhört, der, nicht weit von der Küste entfernt, von einem Boot aus, lehrt. Die Sonne scheint, der Wind fährt mir durchs Haar. Es ist hell. Die Menschen lauschen aufmerksam, ja ergriffen. Wie sie, bin auch ich von Jesus fasziniert. Nachdem er aufgehört hat zu lehren und an Land gegangen ist, tritt er an einen jeden seiner Zuhörer heran und gibt ihm einige Samenkörner. Als er vor mir steht, schaut er mich aufmerksam, mit ungeteilter Liebe an; ein großes Vertrauen zu mir strahlt von ihm aus. Ich strecke meine Hand aus wie bei der hl. Kommunion, und er legt fünf Samenkörner in meine Hand.

Ich möchte jetzt abseits von der Menge an einem ruhigen Ort verweilen. Die Erinnerung an seinen Blick erfüllt mein Herz noch immer mit Staunen. Noch nie hat mich jemand angeschaut wie er. Ich verkoste die Wärme und Tiefe, die Kraft und Güte, die so mächtig auf mich einströmen, ich lasse sie mein ganzes Sein durchdringen.

Nach einer Weile nehme ich einen Samen und werfe ihn auf den Weg. Es vergeht keine Minute und ein Vogel fliegt herbei und pickt ihn auf. Er ist weg! Ich achte auf meine Gefühle. Dann frage ich mich, was mir in meinem Leben entrissen wurde, ehe es überhaupt Wurzeln fassen konnte. Was hat in meinem Leben von vornherein gefehlt? Wessen bin ich von Anfang an beraubt worden? Welche Möglichkeiten sind mir verwehrt geblieben? Wie wirkt sich das auf mich aus? Wie werde ich damit fertig?

Wenn ich mir genügend Zeit für diese Fragen gelassen habe, nehme ich ein anderes Samenkorn. Diesmal werfe ich es auf felsigen Boden, wo es wenig Erde gibt. Ich beobachte, wie schnell es emporschießt. Unter den Strahlen der Sonne welkt es aber bald und stirbt. Wieder lasse ich meine Gefühle zu Wort kommen. Ich erwäge, was in meinem Leben allzu bald verdorrte. Was erwies sich als bloß oberflächlich, hatte nur ungenügende Wurzeln? Vielleicht war es zuerst vielversprechend, entwickelte sich aber nie zu etwas Wertvollem. Wie denke ich jetzt darüber? Wie bin ich mit diesen Enttäuschungen umgegangen?

Nachdem ich einige Zeit darüber nachgedacht habe, nehme ich ein drittes Korn und werfe es unter die Dornen. Ich beobachte das hervorsprossende Hälmchen. Die Dornen wachsen jedoch schneller, berauben es des Lichtes und der Luft und lassen es bald ersticken. Was regt sich in mir, wenn ich zuschaue? Was kam in meinem Leben nie zur Reife, »weil es in den Sorgen, dem Reichtum und den Genüssen des Lebens erstickte« (Lk 8,14)? Was entsprach nicht voll meinen Erwartungen? Wie sehen die Dornen in meinem Leben aus? Wie gehe ich mit ihnen um?

Danach werfe ich das vierte Saatkorn auf guten Boden. Ich beobachte, wie es hochstrebt, kräftig wird und reiche Frucht bringt. Welche Gefühle beherrschen mich jetzt? Ich schaue auf alles in meinem Leben, was gut gegangen ist und wirklich Frucht getragen hat. Noch einmal nehme ich mir Zeit, um alles auszukosten. Ich möchte nicht, daß mir etwas entgeht. Ich danke Gott, »der wachsen läßt« (1 Kor 3,7), und ich erkenne ihn mit Freude als die Quelle alles Guten an.

Ein Korn ist mir noch übriggeblieben. Ich befühle es, reibe es zärtlich zwischen den Fingern, ich ahne seine Verwundbarkeit. Ich staune über seine Fähigkeit, solch wunderbare Frucht zu tragen. Dieses letzte Samenkorn trägt die Zukunft in sich. Es beinhaltet die Zeit meines Lebens, die noch vor mir liegt. Ich kenne nicht ihre Dauer, ihre Gestalt ist mir verborgen; ich weiß nicht, was sie mir bringen wird. Ich überlege, was ich mit diesem unbekannten Rest meines Lebens tun will, soweit das von mir abhängt. Die Erfahrung mit den vier anderen Samenkörnern hat mich Kostbares gelehrt. Bedachtsam stelle ich meine Erwägungen an, ich möchte jetzt nicht eilen. Wenn ich genügend Klarheit gewonnen habe, berate ich mich nochmals mit Jesus. Ich biete ihm meinen Entschluß an und bitte um seinen Segen. Dann werfe ich unter Jesu Blick mein letztes Samenkorn.

## Fruchtbarkeit

Jesus sagt: »Mein Vater wird dadurch verherrlicht, daß ihr reiche Frucht bringt« (Joh 15,8). Aber er lehrt uns auch, daß es nicht genügt, reiche Frucht zu bringen; die Frucht muß bleiben: »Ich habe euch dazu bestimmt, daß ihr euch aufmacht und Frucht bringt und daß eure Frucht bleibt« (Joh 15,16). Was aber bleibt, außer der Liebe? Wenn wir Gott von Angesicht sehen werden, hören sogar Glaube und Hoffnung auf; nur die Liebe ist ewig. Es ist der auferstandene Jesus, der uns fähig macht, diese bleibende Frucht der Liebe zu tragen. Christus »wurde von den Toten auferweckt, damit wir Gott Frucht bringen« (Röm 7,4). In unserer Sendung ist der verherrlichte Christus gegenwärtig und wirksam.
Fruchtbarkeit ist ein sehr wichtiger biblischer Begriff. Zuweilen wird ein Mangel an Früchten gerügt wie in Jesajas Lied vom Weinberg (5,1–7) oder in Jesu Parabel vom unfruchtbaren Feigenbaum (Lk 13,6–9). Häufiger jedoch wird die Fruchtbarkeit gepriesen. Ein beeindruckendes Beispiel ist der Strom lebendigen Wassers, der unter der Tempelschwelle hervorquillt. »Wohin der Fluß gelangt, da werden alle Lebewesen, alles, was sich regt, leben können, und sehr viele Fische wird es geben. Weil dieses Wasser dort hinkommt, werden die Fluten gesund ... An beiden Ufern des Flusses wachsen alle Arten von Obstbäumen. Ihr Laub wird nicht welken, und sie werden nie ohne Frucht sein. Jeden Monat tragen sie frische Früchte; denn das Wasser des

Flusses kommt aus dem Heiligtum. Die Früchte werden als Speise und die Blätter als Heilmittel dienen« (Ez 47,9.12). Im allerletzten Kapitel der Schrift (Offb 22) wird dieses ausdrucksstarke Bild wiederum aufgenommen.

Jesus beschreibt das Reich Gottes immer wieder in Bildern der Fruchtbarkeit: das Senfkorn, das kleinste von allen Samenkörnern, das größer wird als die anderen Gewächse (Mt 13, 31–32); das Unkraut unter dem Weizen (Mt 13, 24–30; 36–43); die Saat, die auf vier verschiedene Bodenarten fällt (Mt 13, 3–9; 18–23; vgl. oben). Das eindrucksvollste und überzeugendste Gleichnis ist wohl das vom Weinstock und den Reben, das zeigt, wie Fruchtbarkeit ganz wesentlich abhängt von der Verbindung der Reben mit dem Stamm (Joh 15, 1–17).

Wir meinen, das zu verstehen. Es leuchtet uns ein. Fruchtbarkeit bedeutet: Frucht tragen, etwas züchten, produktiv sein, Profit erzielen, leisten. Die andere Seite der Münze ist uns auch klar: Ein Zweig, der keine Frucht trägt, ist unproduktiv, also nutzlos, und muß deshalb beseitigt werden. Ohne es zu merken, deuten wir die biblische Botschaft dann aber im Sinn der Leistungsgesellschaft und verfehlen damit gerade ihren Kern. Es ist für uns tatsächlich sehr schwer, das richtig zu verstehen, was die Bibel uns in dieser Hinsicht zu sagen hat.

## Die Leistungsgesellschaft

Die Welt, in der wir leben, ist vom Leistungsdruck beherrscht. Diese Droge nehmen wir in uns auf mit der Luft, die wir atmen. Wir alle haben die Parole verinnerlicht: »Ich bin das, was ich leiste.« Tag für Tag wird uns auf alle mögliche Weise der Leistungskrampf eingeimpft. Von Kindheit an wurde es uns beigebracht, daß alles verdient sein muß: Geld natürlich, Karriere, aber auch Anerkennung, Bestätigung, Dankbarkeit und ja, auch Zuneigung.

Viele von uns haben schon früh gelernt, daß mangelnde Leistung leicht Liebesentzug zur Folge hat. Es scheint fast so, daß unsere einzige Existenzberechtigung unsere Leistung ist. Sogar im hohen Alter läßt uns diese Leistungsbesessenheit nicht los. Was wir geleistet haben, macht unseren Wert aus; was die anderen an Leistung vollbracht haben, ist der Maßstab, den wir an sie anlegen. Wir sind dazu erzogen worden, uns ständig zu fragen: »Was leiste ich? Wie funktioniere ich?« Wenn wir einem Menschen zum ersten Mal begegnen, möchten wir ihn sogleich irgendwie einordnen. Interessanterweise lautet unsere erste Frage: Was macht er, welchen Beruf hat er, was hat er bislang geleistet? Dann wissen wir, wie wir ihn einzustufen haben.

Leider begegnen wir dieser Mentalität in der Kirche und im Ordensleben nicht weniger als anderswo, vielleicht sogar noch ausgeprägter. Freud, und noch besser sein abtrünniger Schüler Adler, könnten dieses tragische Phänomen von ihrer Sicht aus leicht erklären.

Anhand einiger Beispiele möchte ich zunächst einmal erläutern, wie eingeschliffen diese Leistungsmentalität ist.

– Jean Vanier, der Gründer der Arche-Gemeinschaften, sah bei einem Heimatbesuch in Kanada in einem Klassenzimmer ein Poster hängen mit der Aufschrift: »It is a crime, not to excel« (Es ist ein Verbrechen, nicht hervorragend zu sein). Er war entsetzt, wie Kinder, die für Eindrücke so empfänglich sind, in dieser Weise beeinflußt wurden.

– Viele Menschen klagen über die viele Arbeit, die Zahl der Termine und Anrufe, die Menge an Post usw., die sie zu bewältigen haben. Gelegentlich hat man aber den Eindruck, daß sie es im Grunde gar nicht anders wollen und daß hinter ihrer Klage eine getarnte Selbstverherrlichung steckt.

– »Keine Zeit« haben, wird zu einer Auszeichnung, denn es beweist, wie beschäftigt dieser Mensch ist, wie gefordert. Der Begriff »keine Zeit« ist dann nicht mehr so sehr ein Mangel, eine Negation, ein Eingeständnis, daß uns etwas fehlt, sondern vielmehr etwas Positives, ein Statussymbol, Ausdruck unserer Wichtigkeit. Vielleicht sollten wir aus den zwei Worten ein einziges machen: »Keinezeit«. Es wäre dann wie ein zweites Auto, ein Ferienhaus in den Bergen, ein akademischer Titel. Wer Keinezeit hat, der ist wer.

– Im Katalog, den die meisten Ordensgemeinschaften jährlich herausgeben, werden die Namen aller Mitglieder mit ihren Arbeitsaufgaben aufgelistet. Wenn hohes Alter oder lebenslange Krankheit eine aktive Tätigkeit unmöglich machen, bleibt immer noch die inhaltsreiche Sendung: »orat pro ecclesia et communitate« (betet für die Kirche und die Gemeinschaft). Ein Oberer erzählte mir einmal, wie sehr ein mehr als neunzigjähriger Pater diesen Auftrag angefochten hat. Er wünschte etwas Aktiveres hinter seinem Namen.

– Wie oft habe ich betagte Ordensleute sagen hören: »Pater, ich möchte noch gern ein bißchen dienstbar sein.« Wie lobenswert dieser Wunsch auch sein mag, so kann man doch manchmal das unausgesprochene Verlangen, »noch gern ein bißchen mitzuzählen«, kaum überhören.

– Viele Menschen haben die Neigung, ein Arbeits- oder auch ein Gebetspensum auf sich zu nehmen, das ihre Kräfte in etwa übersteigt; und dabei könnte diese Aufgabe auch einfacher oder schneller erledigt werden. So bringen sie sich selbst unnötigerweise in eine Streßsituation; diese schenkt ihnen dann aber das wohltuende Gefühl, unentbehrlich zu sein. Ordensgemeinschaften sind keineswegs gegen diese Tendenz gefeit, obschon sie dem kontemplativen Kern ihres Lebens eindeutig zuwiderläuft.

– Das subtilste Beispiel fand ich im Buch eines Mönches[2], der berichtete, wie ein alter Trappistenbruder seinem Abt anvertraut: »Die Welt würde staunen, wenn sie je erfahren würde, wieviel Holz ich in meinem Leben gespalten habe.« Alles im Konjunktiv! Er hat sich schon damit abgefunden, daß die Welt es nie erfahren wird. Aber doch hätschelt er im Herzen die süße Befriedigung, daß seine Leistung im Holzspalten die Welt in Staunen versetzen würde, wenn sie es je erführe.

– Leistung ist keineswegs immer nur ein geheimes Streben nach Profit, Anerkennung oder Macht. Sie kann auch sehr wohl die Reaktion eines aufrichtigen Verantwortungsbewußtseins darstellen. Vor allem Menschen, die ein offenes Auge für die Nöte anderer haben, fühlen sich oft ausdrücklich oder stillschweigend zur Hilfe aufgefordert. In dieser Haltung liegt etwas sehr Schönes. Doch auch in diesen Fällen muß man das, was übernommen wird, sorgfältig beurteilen. Die eigene Familie oder Kommunität wie auch die Muße dürfen nicht zu kurz kommen; eine gesunde Distanz soll gewährleistet bleiben; die eigenen Grenzen sollen beachtet und die Motivationen durchschaut werden. Dabei habe ich die ehrliche Hoffnung, daß diese vielen Bedingungen unsere Hilfsbereitschaft und Hochherzigkeit nicht ersticken.

## *Übereinstimmungen und Unterschiede*

Die Grenzlinie zwischen Fruchtbarkeit und Leistung ist nur sehr schmal, ja beide überlappen sich sogar, und es wäre unrealistisch, wollte man einen vollkommenen Gegensatz zwischen beiden konstruieren. Beide, Fruchtbarkeit und Leistung, erfordern Einsatz, Disziplin und harte Arbeit. Viel Anstrengung ist aufzubringen, um das Land zu pflügen und zu düngen, um zu eggen und einzusäen, die Ernte zu schützen und einzuholen. Es braucht viel Sorge und Geduld und aus Erfahrung gewachsene Weisheit, um Frucht einbringen zu können.

Es ist also unbestreitbar wahr, daß beide, Fruchtbarkeit und Leistung, viel Mühe fordern, je auf ihre Weise. Doch scheinen mir die Unterschiede heute relevanter zu sein als die Übereinstimmungen. Ich habe zumindest ein Dutzend davon gefunden. Sie können uns helfen, die Frohbotschaft umfassender und tiefer zu verstehen.

# ZEHNTES KAPITEL

# Raum für das Geheimnis

In der Fruchtbarkeit bleibt Raum für das Geheimnis. Wir wissen nicht, wie der Same Wurzeln schlägt, in die Höhe wächst und Frucht trägt. Und vor allem, wir können nur wenig Einfluß ausüben auf den Wachstumsprozeß.

Nein, du bist es nicht, der die Knospen zu Blüten öffnet.
Schüttle die Knospen, stoße sie; es übersteigt deine
    Macht, sie blühen zu lassen.
Deine Berührung befleckt sie, du zerpflückst ihre
Blütenblätter und streust die Stücke in den Staub.
Aber Farbe erscheint nicht und nicht der Duft.
Oh! Nicht du vermagst die Knospe zur Blüte zu öffnen.

Er, der die Knospe zu öffnen versteht, tut es so einfach.
Er schaut sie an,
    und der Lebenssaft strömt durch ihre Adern.
Auf seinen Atem hin entfalten die Blumen ihre
    Schwingen und flattern im Wind.
Farbe sprüht heraus wie Herzenssehnsüchte,
Der Duft verrät ein süßes Geheimnis.
Er, der die Knospen zu öffnen versteht,
    tut es so einfach[1].

Fruchtbarkeit vollzieht sich in Verborgenheit und Vertrauen. Als Kind fiel es uns vielleicht schwer zu glauben, daß der Same wachsen und eine Pflanze werden würde. So buddelten wir mit unseren Fingerchen in der Erde, um nachzuschauen, und der Same war zerstört. Fruchtbarkeit setzt Vertrauen und Hingabe voraus sowie eine ganz entspannte Offenheit. Wir lassen los und lassen geschehen. Eine wesentliche Voraussetzung ist also die Fähigkeit, in Geduld zu warten. Wir sind aufmerksam und engagiert, meiden jedoch Gewalt und Streß.
Jesus schildert diese Haltung in einer schönen Parabel, in

der er erklärt, wie es sich mit dem Reich Gottes verhält (Mk 4, 26–29).

> Mit dem Reich Gottes ist es so, wie wenn ein Mann Samen auf seinen Acker sät; dann schläft er und steht wieder auf, es wird Nacht und wird Tag, der Same keimt und wächst, und der Mann weiß nicht wie. Die Erde bringt von selbst ihre Frucht, zuerst den Halm, dann die Ähre, dann das volle Korn in der Ähre. Sobald die Frucht reif ist, legt er die Sichel an; denn die Zeit der Ernte ist da.

Fruchtbarkeit gleicht einem Geheimnis, in dem wir uns bergen. Im Gegensatz dazu möchte der Leistungsmensch alles, soweit es möglich ist, beherrschen. Dazu ist es unumgänglich, daß er die Fäden fest in der Hand hält. Vertrauen und Hingabe sind dabei nicht gefragt. Die Fünf-Jahres-Pläne der früheren kommunistischen Länder sind typische Beispiele. Gewalt scheint hier das Schlüsselwort zu sein.

Wenn wir über unsere persönlichen Erfahrungen und die unserer Gemeinschaft nachsinnen, wird uns bald klar: Wer die Grundwerte des Lebens wie Liebe, Freundschaft, Erfüllung, Freude, sogar Gesundheit zu beherrschen versucht, der verkrampft und verhärtet sich. »Ich kann mir keinen schwachen Augenblick erlauben«, sagte eine Frau, »sonst geht etwas schief.« Offensichtlich war es ihr noch nicht bewußt geworden, daß in dieser gespannten Haltung bereits etwas sehr Lebenswichtiges schiefgegangen war.

Die Bibel bekräftigt diese menschliche Weisheit. Wer die Frucht des Geistes an sich reißen will: Liebe, Freude, Friede, Langmut usw. (Gal 5, 22), verliert sie. Immerfort werden uns Glaube, Hoffnung und Liebe geschenkt, doch allein offene Hände und offene Herzen können sie empfangen. In vielen Fällen sind diese »göttlichen Tugenden« praktisch machtlos. Von sich aus bringen sie keine unmittelbaren, greifbaren Vorteile. Wer ausschließlich oder überwiegend nach Profit ausschaut, belastet diese wesentlichsten Dimensionen menschlichen Lebens.

In seinem öffentlichen Leben heilte Jesus viele Blinde, Lahme und Aussätzige; diese Heilungen waren Zeichen. Jesus mußte dabei allerdings gegen eine Mentalität kämpfen,

die allein praktischen Vorteil und weltlichen Profit suchte
statt echten Glauben. »Wenn ihr nicht Zeichen und Wunder
seht, glaubt ihr nicht« (Joh 4,48).

### Die Natur achten

Fruchtbarkeit ist gesund und natürlich. Sie entspricht den
der Natur innewohnenden Gesetzen, die in sich den Keim
zu neuem Leben trägt. Am dritten Schöpfungstag sagte
Gott: »Das Land lasse junges Grün wachsen, alle Arten von
Pflanzen, die Samen tragen und von Bäumen, die auf der
Erde Früchte bringen mit ihrem Samen darin« (Gen 1,11).
Am sechsten Tag schuf Gott alle Arten von Tieren und als
Höhepunkt seiner schöpferischen Tätigkeit den Menschen:
»Gott schuf also den Menschen als sein Abbild ... Als Mann
und Frau schuf er sie. Gott segnete sie, und Gott sprach zu
ihnen: Seid fruchtbar und vermehrt euch, bevölkert die
Erde und unterwerft sie euch« (Gen 1,27–28). Fruchtbarkeit achtet die Gesetze der Natur und die Würde des Menschen.
Leistung geht oft auf Kosten der Natur. In den letzten Jahren haben wir es schmerzlich erfahren, wie sehr die Leistungsgesellschaft die Erde um des Profites willen verge-
waltigt hat. Übermäßige Steigerung des Anbaus, der Vieh-
zucht, der Fischerei erschöpfen das Land, das Meer, die
Flüsse. Vor allem beutet die moderne Technologie die Natur über ihre Grenzen hinaus aus und schädigt so die Umwelt, auf der die Gesundheit des Menschen beruht: frucht-
barer Boden, sauberes Wasser, reine Luft und schützende
Ozonschicht. Das Immunsystem der Erde ist geschädigt.
Zunehmende Eingriffe in die Natur lösen überall, nicht nur
in der von Armut heimgesuchten Dritten Welt, Krankhei-
ten aus, von denen Aids die verheerendste, aber durchaus
nicht die einzige ist.
In ähnlicher Weise kann Überaktivität den Menschen rui-
nieren. Er zwingt sich ungesunde Forderungen auf, um
mehr zu leisten, als er wirklich vermag, und nach einiger
Zeit haben ihn krankhafter Wettbewerb und Müdigkeit zer-

mürbt. Er fühlt sich erschöpft, entleert und, entgegen dem äußeren Anschein, entwertet. Schließlich bedroht ihn das erschreckende Ausgebranntsein. Das hatte Gott sicherlich nicht im Sinn, als er die Schöpfung »sehr gut« fand!

Nicht nur der einzelne, sondern auch die Familie und die Gemeinschaft können durch ein Übermaß an Arbeit Schaden leiden. Es gibt dann nicht genug Muße, um sich einfach am Miteinander zu freuen. Das echte Interesse für die Menschen, mit denen wir leben, schwindet. Der schonungslose Leistungsdrang zerstört die Beziehung zwischen den Menschen. Wenn wir entdecken, wie unzumutbar hoch der Preis ist, den wir für Karriere und Erfolg bezahlen, ist es oft schon zu spät. Wenn wir früher erkannt hätten, wie zerstörerisch ein solcher Lebensstil sich auswirkt, hätten wohl viele Ehescheidungen verhindert werden können und wären so manche Gemeinschaften nicht zerbrochen.

Ebenso beeinflußt die Überbetonung von Leistung und Wettbewerb unser geistliches Leben, das ja grundsätzlich Vereinigung mit Gott ist. Angesichts der Arbeitswut hat die Beziehung zu Gott fast keine Chance. Gebet ist eine so zerbrechliche Gegebenheit. Vieles andere: Arbeit, ein Termin, ein Besuch, ein Anruf, die Nachrichten, Entspannung beansprucht uns oft stärker, unnachgiebiger als die bei Gott verbrachte Zeit. Darum muß das Gebet, gerade wegen seiner Verletzbarkeit, besonders geschützt werden. Wir alle sind uns bewußt, wie zart ein Baby ist. Ganz spontan behandeln wir es mit großer Sorgfalt und geben ihm z.B. nie einen Platz, wo es eventuell fallen könnte. Ebenso müssen wir unserem Gebet einen solchen Platz einräumen, daß wir es nicht fallenlassen können. In einer Welt, in der Leistung der erste Wert ist, erfordert das geistliche Leben ein ständiges Schwimmen gegen den Strom.

Das große Geheimnis der Fruchtbarkeit wird dort sichtbar, wo wir unsere Versuche, das Leben zu beherrschen, aufgegeben haben und das Wagnis eingehen, das Leben seine eigenen inneren Bewegungen entfalten zu lassen. Wann immer wir Vertrauen haben und uns dem Gott der Liebe anheimgeben, werden Früchte reifen. Früchte können nur aus dem Wurzelgrund intimer Liebe entstehen. Sie werden nicht hergestellt und sind nicht das Ergebnis besonderer menschlicher Praktiken, die beliebig wiederholt werden können.²

## Fehlleistungen erlauben

Die Natur hat ihre Höhen und Tiefen. Nicht jede Frucht, die die Natur hervorbringt, ist vollkommen. Es gibt auch mißgestaltete oder verkümmerte Früchte. Im Weizenfeld erscheint Unkraut zwischen dem Getreide. Im Reich Gottes dürfen beide bis zur Erntezeit wachsen (Mt 13,30). Wollte man alles Unkraut ausreißen, wie es die Knechte vorschlagen, wäre es auch um den Weizen geschehen.

Tiefe Weisheit steckt in dieser Nachsicht. Menschen, die ungeduldig fehlerlose Vollkommenheit erreichen wollen, fügen sich selbst und anderen großen Schaden zu. Die Kirchengeschichte liefert uns zahlreiche Beispiele für Fanatismus und Grausamkeit, die angeblich im Namen Gottes ihr Unwesen trieben. Oft wurde das in Jahrhunderten gewachsene Gute dadurch vernichtet. Zuweilen wurde eine Gemeinschaft schmerzlich gespalten. Oft lebte sich darin rohe Gewalt aus, die sich spirituell bemäntelte.

Der Mensch, der das Unkraut unter dem Weizen nicht ertragen kann, ist nicht vom Geist Jesu inspiriert und ungeeignet für seine Jüngerschaft. Weder wir selbst in unserem persönlichen Leben noch unsere Gemeinschaften können je sündenlos sein. Jesus wußte das sehr wohl und fügte dieses Wissen in das Fundament seiner Kirche ein. Wenn die Zeit der Ernte gekommen ist, werden nicht *wir* richten – schon gar nicht voreilig –, sondern *Gott* wird der Richter sein.

Der Geist der Fruchtbarkeit rechnet auch mit Schwächen und Fehlleistungen. Gott hat uns ja bei unserem Namen gerufen (vgl. Jes 43,1). Das heißt, er bejaht uns, so wie wir sind, nicht wie wir sein sollten. »Du bist mein«, sagt er, alles von dir, nicht nur deine Stärken. Jesus ist das vollkommene Abbild seines Vaters. Als der gute Hirt ruft er »die Schafe, die ihm gehören, beim Namen und führt sie hinaus« (Joh 10,3), nicht nur die Schafe ohne Fehl und Makel (wie viele würde er davon wohl haben?), sondern alle.

Eine tröstliche Botschaft des Evangeliums ist es, daß »die Kraft in der Schwachheit vollendet wird« (2 Kor 12,9 JB). Ja, »wir wissen, daß Gott bei denen, die ihn lieben, *alles* zum Guten führt« (Röm 8,28). Daß Gott Unzulänglichkeiten und Fehler toleriert, schafft in uns eine Offenheit, die weit mehr erspürt und integriert, als es ein verschlossener Mensch je vermöchte. Vor allem ist es eine Offenheit für die Liebe und für Gott.

Der Leistungsdruck konzentriert sich ganz und gar auf Kraft und Stärke; er zielt darauf, jede Schwäche zu unterdrücken. »Ich kann mir keinen schwachen Augenblick erlauben, sonst geht etwas schief«, sagte die Frau. Das ist bezeichnend. Diese Mentalität verlangt Resultate und vergötzt Tüchtigkeit und Erfolg. Sie verliert sich völlig im Wettbewerb, fixiert sich fast zwanghaft auf das Ziel, das erreicht werden soll, und stößt alles, was im Wege steht, rücksichtslos zur Seite.

Wenn ich gelegentlich an einem Samstagmorgen in ein nahegelegenes Hallenbad zum Schwimmen gehe, begegne ich stets einem nicht mehr ganz jungen Herrn, der sehr darauf aus ist, in kürzester Zeit eine Höchstzahl an Bahnen zu ziehen. Er sieht so aus, als hätte er nicht den geringsten Spaß an der Sache. Es ist ein grimmiges Bild. Die Schwingungen, die mich erreichen, tragen die Botschaft: »Geh aus dem Wege!« Das trifft mich wie ein Symbol der Leistungsgesellschaft. Körpersignale werden überhört, Gefühle ignoriert, Beziehungen entweder vernachlässigt oder ausgenützt. Der Drang nach Kompetenz steigert sich bald zu erbarmungsloser Konkurrenz. Dieses ganze Aufgebot ist so ungesund! So ist unser Leben nicht gemeint. So sieht das Gottesreich nicht aus. Gottes Traum ist unendlich reicher!

Im Jahr 1145 wurde ein früherer Mönch der Abtei Clairvaux zum Papst gewählt und nahm den Namen Eugen III. an. Auf seine Bitte hin schrieb ihm sein Freund und ehemaliger Abt Bernhard einen längeren Brief – man kann ihn auch eine kürzere Abhandlung nennen voll Liebe und Sorge. Auf diesen Brief folgten später vier weitere. Eine der ersten Seiten konzentriert sich auf die Gefahr der ständigen Überbeschäftigung, die zu einem »harten Herzen« führen kann. Bernhard betont, daß der Terminkalender des Papstes reduziert werden muß. Hier einige Kostproben aus seinen Belehrungen:

> Ich lebe in ständiger Sorge um Dich ... Ich fürchte, sage ich, daß Du, eingekeilt in Deine zahlreichen Beschäftigungen, keinen Ausweg mehr siehst und deshalb Deinen Sinn verhärtest, daß Du Dich nach und nach des Gespürs für einen durchaus richtigen und heilsamen Schmerz entledigst. Es ist viel klüger, Du entziehst Dich von Zeit zu Zeit Deinen Beschäftigungen, als daß sie Dich ziehen und Dich nach und nach an einen Punkt führen, an dem Du nicht landen willst. Du fragst, an welchen Punkt? An den Punkt, wo das Herz hart wird. Frage nicht weiter, was damit gemeint sei; wenn Du jetzt nicht erschrickst, ist Dein Herz schon soweit.
> Keiner mit hartem Herzen hat jemals das Heil erlangt, es sei denn, Gott habe sich seiner erbarmt und ihm, wie der Prophet sagt, sein Herz aus Stein genommen und ihm ein Herz aus Fleisch gegeben (Ez 36,26). Um kurz und knapp alle Übel dieser schrecklichen Krankheit auf einen Nenner zu bringen: einem harten Herzen ist die Gottesfurcht und das Gespür für die Menschen abhanden gekommen (vgl. Lk 18,4).
> Schau, dahin ziehen Dich diese verfluchten Beschäftigungen, wenn Du sie wie bisher weitermachst und Dich ihnen völlig auslieferst, ohne Dir etwas für Dich vorzubehalten. Du vergeudest Zeit und – wenn ich mir erlauben darf, für Dich ein zweiter Jitro zu sein (vgl. Ex 18, 17–18) –, Du verausgabst Dich selbst in ihnen in sinnloser Mühe, die nur den Geist versehrt, das Herz aushöhlt und die Gnade verpuffen läßt. Denn was sind die Früchte von all dem? Sind es nicht bloße Spinnweben?[3]

# ELFTES KAPITEL

# Die kontemplative Dimension

## *Kontemplation in der Aktion*

Als Henri Nouwen 42 Jahre alt war, ließ er sich von der Yale
Divinity School beurlauben, um sieben Monate bei den
Trappisten der Genesee Abtei im nördlichen Teil des Staates
New York zu verbringen, wo er ganz am Leben der Mönche
teilnahm. Nach der ersten Woche trug er das Folgende in
sein Tagebuch ein:

> Ich sollte wohl besser anfangen, ein wenig mehr über
> meine Einstellung zur Arbeit nachzudenken. Wenn ich
> diese Woche überhaupt etwas gelernt habe, dann dies: Es
> gibt eine kontemplative Weise zu arbeiten, die für mich
> wichtiger ist als Beten, Lesen und Singen. Die meisten
> Menschen glauben, man gehe ins Kloster, um zu beten.
> Nun, ich habe diese Woche zwar mehr gebetet als früher,
> aber ich habe auch entdeckt, daß ich noch nicht gelernt
> habe, meiner Hände Arbeit zum Gebet zu machen.

Es scheint für ihn in der Tat eine so neue und wichtige Ent-
deckung zu sein, daß er noch nicht fähig ist, sie richtig in
Worte zu fassen. Sechs Wochen später kann er sich dann genauer darüber aussprechen:

> Wenn ich es zu einem solchen Vertrauen auf Gott bringen
> würde, zu einer solchen Auslieferung, zu einer so kindli-
> chen Offenheit, dann würden viele Spannungen und Sor-
> gen fortfallen, sie würden als falsche, leere, unnötige Sor-
> gen entlarvt werden, die nicht der Zeit und der Energie
> wert sind, und mein Leben würde ganz einfach werden.
> Meine Predigten und mein Unterricht, meine Vorträge
> und meine Sprechstunden könnten dann sozusagen ver-
> schiedene Formen eines meditativen Lebens sein. Dann
> wäre mein Geist wahrscheinlich offener, offen für viele

Dinge, die ich zuvor nicht bemerkt habe, offen für viele Menschen, für die ich früher kein Ohr gehabt habe. Dann würde ich mir keine Sorge mehr um meinen Namen, meine Karriere, meinen Erfolg, meine Popularität machen, sondern ich wäre offen für die Stimme Gottes und für die Stimme seines Volkes. Dann würde ich wahrscheinlich viel besser wissen, welche Tätigkeit sich lohnt und welche nicht, welche Vorträge ich annehmen und welche ich ablehnen soll, mit welchen Leuten ich die Zeit verbringen und welche ich mir vom Leib halten soll. Dann würde ich höchstwahrscheinlich weniger von Leidenschaften geplagt werden, die mich verführen, die falschen Bücher zu lesen, an falschen Orten herumzuhängen und meine Zeit in der falschen Gesellschaft zu verschwenden. Dann würde ich zweifellos viel mehr Zeit zum Beten, Lesen und Studieren haben, und ich wäre immer bereit, das Wort Gottes zu verkünden, wenn der richtige Zeitpunkt da ist. Wo immer ich wäre, zu Hause, im Hotel, im Zug, im Flugzeug oder auf dem Flugplatz, ich wäre nicht gereizt, ruhelos und begierig, irgendwo anders zu sein oder irgend etwas anderes zu tun[1].

Es war offensichtlich das kontemplative Element in der Arbeit, was einen solch tiefen Eindruck auf Henri Nouwen gemacht hat. Sein Tagebuch ist von A bis Z ein beredtes Zeugnis dafür, daß Mönche durchaus nicht träge sind in ihrer Arbeit; aber sie arbeiten ohne den Druck, der so typisch ist für die meisten hart arbeitenden Menschen. Im Kloster wird die Arbeit mit der gleichen Transparenz für Gottes Gegenwart verrichtet wie das Gebet.

Je mehr wir unsere Ichbezogenheit überwinden, desto mehr lassen wir die Herrlichkeit Gottes hindurchstrahlen. Wenn wir ständig darauf aus sind, unser Ego aufzubauen, werden wir, wenn auch subtil, so weit kommen, sogar Gott dazu zu gebrauchen, diesen Zweck zu erreichen. Die Leistungsmentalität würgt die kontemplative Dimension ab. Sie ist wie eine Maschine mit zu großer innerer Reibung, was wenigstens vier in die Augen springende Nachteile hat: Sie verbraucht zu viel Energie, produziert wenig, macht viel Lärm und erfordert ausgiebige Kühlung. Die gleichen Unzulänglichkeiten haben Menschen, deren Arbeit zu sehr vom Ich bestimmt ist. Sie wirken trübe.

Während einer recht bereichernden Unterhaltung mit dem Prior eines Camaldulenser-Klosters fragte ich, was seiner Meinung nach das schwerste Opfer des monastischen Lebens sei. Auf seinem Gesicht erschien ein breites Lächeln, und er räumte erst einmal einige übliche Mißverständnisse aus. Dann sagte er sehr bestimmt: »Auf die Dauer gesehen, ist es der Mangel an Erfüllung.« Aus dem Kontext war klar, daß er die Erfüllung meinte, die erbrachte Leistung auslöst. Das kontemplative Leben verzichtet auf den äußeren Erfolg. Genau das ist der Grund, weshalb es Außenstehenden, zuweilen sogar guten Katholiken, schwerfällt, kontemplative Klöster zu bejahen. Das ist auch der Grund, warum monastische Gemeinschaften im Laufe ihrer Geschichte gelegentlich aus ihren Ländern vertrieben wurden, sogar die Kartäuser aus der Grande Chartreuse: Sie sind nicht produktiv im gewöhnlichen Sinn des Wortes. Aber gerade dadurch werden sie zu wahren Jüngern Jesu, der grundsätzlich der gleichen Schwierigkeit begegnet ist. Er predigte den Gott der Liebe und die Liebe Gottes. Aber Liebe ist in sich nicht rentabel. Letzten Endes enttäuschte Jesus alle jene, die allein sichtbare Ergebnisse suchten. Erfolg ist kein Charakteristikum Jesu.

Wenn ein Mönch, eine Nonne treu bleiben in ihrem Verzicht auf Erfolg und diese Haltung vertiefen, wird ihre Arbeit Gebet. Die Transparenz der Selbstlosigkeit überbrückt die Kluft zwischen Kontemplation und Aktion; mit den Jahren wird beides eins.

Jeder Mensch, der danach strebt, in seiner Tätigkeit kontemplativ zu sein, muß die gleichen Bedingungen erfüllen. Es ist zweifellos ein erhabenes Ideal, aber der Preis ist hoch und kann nicht in einer x-beliebigen fremden Währung bezahlt werden, sondern nur mit dem Schatz unseres Herzens (vgl. Mt 6,21). Wir müssen unsere Selbstsucht und unseren subtilen Eigennutz überwinden. Nicht das zählt, *was* wir tun, vielmehr *warum* wir es tun und *wie* wir es tun. Nur das kann unsere Tätigkeit wandeln in einen geheiligten Ort, wo

Gott gegenwärtig, tätig und bestimmend sein darf. Genau wie bei den Mönchen bedeutet das nicht, daß wir weniger, sondern daß wir selbstloser arbeiten. Eine solche Arbeitsweise ist ein kostbarer Dienst an den Menschen unserer Zeit.

Es wäre schon ein Segen, wenn man nicht zur Genesee Abtei oder einem ähnlichen Kloster pilgern müßte, um zu erfahren, wie Arbeit Gebet werden kann. Das Beispiel, das von der Aktion in Einheit mit der Kontemplation ausgeht, könnte tatsächlich wichtiger sein als all das, was unsere Arbeit möglicherweise schaffen kann. Suchen nicht viele Menschen nach genau dieser Hilfe, zuweilen sogar in so weiter Ferne wie Indien oder Japan?

## Unentgeltlich

Für Ignatius und seine ersten Gefährten war die Unentgeltlichkeit ihres Dienstes von entscheidender Bedeutung. Schon im ersten Paragraphen des ersten Entwurfs der künftigen Konstitutionen (genannt die »Formel des Instituts«) wird sie erwähnt und dann häufig wiederholt. Die ersten Jesuiten hatten erfahren, welch ungeheuren Schaden die Habsucht des Klerus dem Apostolat zugefügt hatte. Wegen dieses Lasters wurden ganze Bereiche des priesterlichen Dienstes vernachlässigt. Das Beispiel der Habgier schadete dem Glauben des Volkes mehr als all das Gute, was Worte möglicherweise wirken konnten. Die »Freunde im Herrn« erkannten in der Unentgeltlichkeit ihres Apostolates ein radikales Mittel für eine Reform der Kirche an Haupt und Gliedern, da sie das Übel genau an der Wurzel angreift.

Unentgeltlichkeit ist jedoch weit mehr als nur ein Mittel, den apostolischen Dienst funktionstüchtig zu machen, wie wichtig das auch sein mag. Im Evangelium ist die Unentgeltlichkeit viel tiefer gegründet. Sie ist eine Grundhaltung in der Nachfolge Jesu: »Umsonst habt ihr empfangen, umsonst sollt ihr geben« (Mt 10,8). Obwohl die 31. und 32. Generalkongregation der Gesellschaft Jesu (1965 und 1974/75) die kanonische Form der Unentgeltlichkeit etwas lockerten, um der Veränderung in der Bedeutung von Verdienen und Betteln gerecht zu werden, bleibt unser Apostolat doch nach wie vor in der evangelischen Unentgeltlichkeit verwurzelt, die sich viel weiter erstreckt als nur auf den finanziellen Bereich.

Nicht nur unsere Begabung und unsere Talente, sondern unser ganzes Leben ist eine unverdiente Gabe Gottes. Er hat uns bedingungslos ins Dasein geliebt. Diese Priorität der göttlichen Liebe ist die letzte Grundlage unseres Seins. Wir müssen unsere Existenzberechtigung nicht durch unsere Leistungen verdienen. Unser Leben ist uns unverdient, frei geschenkt worden. Gottes Liebe, der Ursprung unseres Lebens, kann nicht verdient und auch nicht verloren werden. Sie hat keine Bedingungen. Ihr Maß nimmt sie an sich selbst, nicht an uns, geschweige denn an unserer Produktivität.

Unentgeltlichkeit macht unser Leben transparent, so daß seine Quelle durchscheinen kann. Unentgeltlichkeit zeigt schlicht und einfach, daß unser Leben reines Geschenk ist ohne Berechnung, ein Geschenk eben deshalb, weil Gott Freude hat an unserem Sein. Da es ein reines Geschenk ist, sollen auch wir wiederum frei geben, unentgeltlich.

1992 veröffentlichten die deutschen Bischöfe einen Pastoralbrief über den priesterlichen Dienst, hauptsächlich um die Priester zu ermutigen in einer Zeit, in der ihr Dienst immer schwieriger wird. Die Bischöfe zeigten darin diese lebensnotwendige Dimension des Apostolates auf: »Die Wirksamkeit der priesterlichen Sendung lebt von ihrer Absichtslosigkeit ... ›Früchte‹ wachsen nicht auf Befehl, sondern im Normalfall von allein«[2].

Es wirkt befreiend, wenn wir in unserem apostolischen Dienst und in unserem Glauben nicht ängstlich nach Resultaten Ausschau halten. Nicht die Menge zählt. Natürlich empfinden wir Genugtuung und Freude, wenn wir viele Menschen erreichen, und wir dürfen es genießen, wenn das der Fall ist, doch bauen wir nicht darauf! Es ist nicht nötig, um jeden Preis bedeutend zu sein. Es hat sehr viel Sinn, unseren Glauben zu leben und zu feiern, auch wenn wir nur eine verschwindende Minorität sind und niemals dem Evangelium ganz gerecht werden können. Das heißt eben, reiche Frucht tragen, auch wenn wir das selbst nie richtig einzuschätzen vermögen.

Das Leben im Geist der Unentgeltlichkeit rührt an ein tiefes Bedürfnis in jedem Menschenherzen. Auch in einer Gesellschaft, die so schonungslos auf Leistung ausgerichtet ist und in der der einzelne nur insofern zählt, als er etwas einbringt, lebt doch ein Urverlangen, zweckfrei bejaht und geliebt zu werden. Das Ungeschuldetsein unserer Geschöpflichkeit bleibt in uns als eine tiefe Sehnsucht lebendig, die nicht durch Leistung allein befriedigt werden kann, ganz gleich, wie erfolgreich sie sein mag. Wir alle möchten mehr zählen, als wir leisten. Es ist ein vorrangiger Dienst der Seelsorge, dem heutigen Menschen zu zeigen, wie dieser Hunger zu stillen ist.

Jeder, der dieses Grundbedürfnis des Menschen ignoriert und nur aus der Leistung lebt, riskiert eine Katastrophe. Früher oder später nimmt unsere Leistungsfähigkeit ab oder hört ganz auf. Wer seinen Selbstwert nur aus dem bezieht, was er erarbeitet hat, fällt dann in eine Identitätskrise. Hat er in sich keine tiefere Ebene, die den Sturz auffängt, ist die Krise ausweglos, und das Leben verliert jeden Sinn. Es ist traurig, den Zusammenbruch von Menschen mitanzusehen, die einmal sehr erfolgreich waren. Als ihre Berufstätigkeit aufhörte, war es zu spät, die Grundeinstellung zu ändern. Das Alter enthüllt das, was ihm vorausgegangen ist. Wenn wir durch unseren Dienst dazu beitragen, ein solches Unglück zu verhüten, und sei es auch nur bei einigen, haben wir viel Gutes getan.

Die Leistungsgesellschaft klatscht denen Beifall, die großen Erfolg zu verzeichnen haben, vor allem, wenn ihre Karriere auf der untersten Sprosse der Leiter begonnen hat. Doch die gleiche Gesellschaft ist denen gegenüber unbarmherzig, die nach ihren Maßstäben versagen. Die Vergötzung der Leistung ist wie jeder Götzendienst eine Entmenschlichung. Trotz aller sozialen Versicherungen bleibt die Tatsache bestehen, daß unsere Gesellschaft jenen offensichtlich Gescheiterten gegenüber rücksichtslos sein kann. Für diese jedoch ist die Unentgeltlichkeit ein bedeutungsvolles Signal, das ihrem Leben in der Krise wieder mehr Sinn geben kann.

Unentgeltlichkeit läßt uns unser menschliches Leben nicht nur als freies Geschenk sehen, sondern offenbart uns auch Gott als einen schenkenden Gott, schenkend bis zur Hingabe seiner selbst (EB 234: Deus communicans). Das Geheimnis der Heiligsten Dreifaltigkeit ist nichts anderes als Selbsthingabe: der Vater, der sich selbst ganz dem Sohn schenkt, und der Sohn, der sich dem Vater ohne jeden Rückhalt zurückschenkt; der Heilige Geist, der Band und Gabe ist, nicht als ein *Etwas*, sondern als ein *Jemand*. Dieser Kreis des Selbstschenkens ist die Quelle aller Liebe und deshalb allen Lebens. Die ganze Schöpfung ist ein Echo auf dieses trinitarische Geheimnis, die Frucht des unaufhörlichen Sich-Hingebens Gottes. Unentgeltlichkeit bemüht sich, dieses Sich-Schenken lebendig zu halten in einer Welt, die drauf und dran ist, es in Vergessenheit geraten zu lassen.

### Wie das Weizenkorn

In einem schlichten Bild, das so äußerst aussagestark ist, läßt Jesus das Grundgesetz aller Fruchtbarkeit vor unserem Auge erstehen: »Amen, amen, ich sage euch: Wenn das Weizenkorn nicht in die Erde fällt und stirbt, bleibt es allein; wenn es aber stirbt, bringt es reiche Frucht« (Joh 12,24). Sicher, nicht nur Fruchtbarkeit, sondern auch Leistung kostet etwas. Aber für die unzeitgemäße Forderung, sich selbst zu verlieren, wirbt die Leistungsgesellschaft nicht, im Gegenteil, diese Wahrheit ist ihr zutiefst zuwider.

Demgegenüber lehrt das Evangelium ganz klar: »Wer sein Leben retten will, wird es verlieren; wer aber sein Leben um meinetwillen verliert, wird es gewinnen. Was nützt es einem Menschen, wenn er die ganze Welt gewinnt, dabei aber sein Leben einbüßt?« (Mt 16,25–26).

Jesus *predigte* nicht nur diese Weisheit von Leben und Tod, er *lebte* sie auch. Das macht den Kern seines ganzen Lebens aus: das österliche Geheimnis. Das gesamte Evangelium findet seinen Mittelpunkt in der unlösbaren Einheit von Tod und Auferstehung Jesu; alles, was uns das Evangelium sagt, ist im Licht dieses Kerngeheimnisses zu lesen. »Mein Vater

wird dadurch verherrlicht, daß ihr reiche Frucht bringt«
(Joh 15,8). Um das zu können, müssen wir in Jesu Liebe
bleiben. Aber dort, in seiner Liebe, erhalten wir Anteil an
dem Geheimnis, aus dem sein ganzes Leben und seine Sendung ausströmen: dem Paschageheimnis.

Aus einer etwas anderen Perspektive teilt Rabindranath Tagore mit uns eine ähnliche tiefe Einsicht:

> Als ich jung war, war mein Leben wie eine Blume, eine
> Blume, die ein oder zwei Blütenblätter aus ihrer Über-
> fülle verliert und den Verlust nicht spürt, wenn der Früh-
> lingswind an ihre Tür klopft. Jetzt am Ende meiner Ju-
> gend ist mein Leben wie eine Frucht, die nichts erübrigen
> kann und darauf wartet, sich ganz mit der vollen Last ih-
> rer Süße zu opfern.[3]

Diese verschwenderische Hingabe bildet die Vollendung
unseres Lebens, die reiche Ernte. Noch einmal ist es Gott,
der in uns diese letzte Übergabe bewirkt. Die Bibel wird
nicht müde, den Vorrang des göttlichen Tuns in unserem
Tun und darüber hinaus zu wiederholen. In einer weitaus-
greifenden Feststellung sagt Paulus: »Es gibt verschiedene
Kräfte, die wirken, aber nur einen Gott: Er bewirkt alles in
allem« (1 Kor 12,6).

Je mehr wir verinnerlichen, daß Gott in unserem Handeln
wirkt, desto mehr wird der Friede, den die Welt nicht geben
und nicht nehmen kann, in uns wachsen, und desto mehr
werden wir Friedensbringer sein, genau in diesem besonderen Sinn des Wortes. Das wird uns von dem Zwang befreien,
unseren Selbstwert auf unsere Leistungen zu gründen. Dies
wiederum wird uns dazu führen, andere Prioritäten zu setzen und andere Aktivitäten zu wählen; und vor allem dazu,
diese Aktivitäten anders zu gestalten. Jesus sagte zu seinen
Jüngern: »Nicht ihr habt mich erwählt, sondern ich habe
euch erwählt und dazu bestimmt, daß ihr euch aufmacht
und Frucht bringt und daß eure Frucht bleibt« (Joh 15, 16).
So zu leben heißt, uns nicht länger auf unsere Leistungen zu
fixieren. Ist nicht das ein wesentliches Element des alterna-
tiven Lebensstils, über den heute so viele Menschen sprechen?

# ZWÖLFTES KAPITEL

# In einer echten Beziehung

*Ersatz*

Fruchtbarkeit setzt eine Beziehung voraus. Diese beinhaltet stets Empfänglichkeit, d.h. das Vermögen, aufzunehmen, sich berühren zu lassen. Dieses Naturgesetz gilt schon im vegetativen Bereich. Pflanzen müssen befruchtet werden, um Frucht tragen zu können. Da sie sich nicht bewegen können, muß z.B. ein Insekt die Beziehung herstellen, damit sich Frucht entwickeln kann.

Bei Tieren ist es noch offensichtlicher, daß Fruchtbarkeit eine Beziehung voraussetzt. So auch bei den Menschen. Und im Reich Gottes geht es durchweg um Beziehungen, und zwar um intime und bleibende. Der eindringlichste Vergleich ist der des Weinstocks und der Reben. Der lebenspendende Saft des Weinstocks fließt durch die Rebzweige und befähigt sie zum Fruchttragen. Getrennt vom Weinstock kann der Zweig keine Frucht bringen. Ebenso »könnt ihr«, sagt Jesus, »getrennt von mir nichts vollbringen« (Joh 15,5), mit der stillschweigenden Einschränkung: »nichts Bleibendes für das Reich Gottes.«

Natürlich können wir, getrennt von Jesus, eine Menge tun, doch das bringt keine Frucht für das Gottesreich. Ohne Zweifel gibt es Menschen, die viel leisten und doch wenig Frucht tragen, ebenso wie es solche gibt, die wenig leisten und reiche Frucht erbringen. Denken wir an Maria, den fruchtbarsten Menschen: Jesus war die Frucht ihres Schoßes. Sie hat nicht viel geleistet im Sinn unseres Wortverständnisses. Es ist gut, uns selbst gelegentlich zu fragen, mit welchem Maßstab wir Menschen messen.

Leistung kann ein Ersatz für einen Mangel an echter Beziehung sein. Weil wir die menschliche Erfüllung, die nur eine authentische Beziehung schenken kann, nicht finden, versuchen wir an ihre Stelle sichtbare Leistungen zu setzen.

Unser Leben mit all seiner Tätigkeit kann im biblischen Sinn nur fruchtbar sein, wenn wir Gottes Tätigsein durch unser menschliches Tun hindurch wirken lassen. Das heißt, daß wir in unserer Tätigkeit aufnahmebereit sind für Gottes Initiative. In den Geistlichen Übungen sagt Ignatius: »Gott unseren Herrn bitten, er wolle ... in meine Seele legen, was ich ... tun soll ...« (EB 180). Gerade diese Verbindung zwischen Tätigkeit und Empfänglichkeit, zwischen unserer eigenen Anstrengung und dem Sich-lenken-Lassen, macht das Geheimnis der Fruchtbarkeit aus. Die Leistungsmentalität möchte das zunichte machen. »In Gottes Nachfolge geht es langsam, aber stetig. Mit jedem Schritt wird es der Seele mehr bewußt, daß alles vor ihr getan ist, was von ihr verlangt wird« (Hermann Bezzel).

### Wir sind Gottes Mitarbeiter (1 Kor 3,9)

Sowohl im Alten wie im Neuen Testament wird dem Menschen eine große Würde zuerkannt. Obschon »geformt vom Ackerboden« (Gen 2,7) – Adam kommt von adamah, dem hebräischen Wort für Boden –, sind Mann und Frau »nur wenig geringer gemacht als Gott ..., mit Herrlichkeit und Ehre gekrönt« (Ps 8,6). Die Krone von Herrlichkeit und Ehre besteht darin, daß »du ihn als Herrscher eingesetzt hast über das Werk deiner Hände und ihm alles zu Füßen gelegt hast« (8,7). Die Menschen sollen mitwirken mit dem kreativen Schaffen des Schöpfers.
Am sechsten Schöpfungstag sagte Gott: »Laßt uns Menschen machen als unser Abbild, uns ähnlich« (Gen 1,26). Was es für die Menschen bedeutet, nach dem Abbild Gottes, ihm ähnlich, geschaffen zu sein, wird unmittelbar danach erklärt: Es besteht vor allem darin, über die übrige Schöpfung zu herrschen. Sie sollen mit Gott und als Vertreter Gottes für die Welt Sorge tragen: »Sie sollen herrschen über die Fische des Meeres, über die Vögel des Himmels, über das Vieh, über die ganze Erde und über alle Kriechtiere auf dem Land. Gott schuf also den Menschen als sein Abbild, als Abbild Gottes schuf er ihn. Als Mann und Frau schuf er sie« (Gen 1,26-27).

Dann wird im zweiten Schöpfungsbericht, der aus der jahwistischen Tradition stammt, dieses menschliche Verwalteramt plastisch beschrieben im Aufmarsch der verschiedenen Tiere vor *ha ʿadam*«; »um zu sehen, wie er sie benennen würde. Und wie *ha ʿadam* jedes lebendige Wesen benannte, so sollte es heißen« (Gen 2,19). So stellt diese schöpferische Namengebung alle Tiere in den Dienst und in die Verantwortung der Menschheit. Das macht unsere Welt zu einer gott-menschlichen Werkstatt. Der Mensch ist der Mit-Schöpfer der Erde. Im vierten Eucharistischen Hochgebet beten wir: »Den Menschen hast du nach deinem Bild geschaffen und ihm die Sorge für die ganze Welt anvertraut. Über alle Geschöpfe sollte er herrschen und allein dir, seinem Schöpfer, dienen.«

Im Talmud gibt es einen reizvollen Kommentar zum Wort ›uns‹ im Vers »Laßt *uns* Menschen machen als unser Abbild, uns ähnlich« (Gen 1,26). »Rabbi Israel fragte: An der Stelle der Schrift, die von der Erschaffung des Menschen berichtet, heißt es: ›Dann sprach Gott: Laßt uns den Menschen machen!‹« (Gen 1,26). Mit wem sprach Gott, als er sagte: ›Laßt uns den Menschen machen‹?« Ein Christ wird spontan an die Heiligste Dreifaltigkeit denken, doch das paßt nicht in die jüdische Tradition. Der Rabbi beantwortete seine eigene Frage: »Er sprach schon mit dem Menschen selbst: ›Komm, du und ich gemeinsam, wir wollen uns den Menschen erschaffen! Denn wenn du mir nicht helfen willst, kann auch ich dich niemals zu einem richtigen Menschen machen.‹« Wir sind nicht einfach nur passive Nutznießer, sondern privilegierte Partner.

Tatsächlich sind wir aus biblischer Perspektive heraus Gestalter nicht nur unserer Welt, sondern auch unseres eigenen Lebens. Wir sind frei Handelnde; wir können die Welt und uns selbst diesen oder jenen Weg gehen lassen und bestimmen so den Lauf, den die Geschichte nehmen mag.

Im dritten Kapitel des Buches Genesis wird die erschütternde Szene beschrieben, in der der Mann und die Frau nach dem greifen, was ihnen nicht zukommt. Adam und Eva kündigen ihre Zusammenarbeit mit dem Schöpfer auf und maßen sich eine eigene, unabhängige Herrschaft an.

Ihre Rebellion schlägt zurück in einem Fluch, denn sie laden sich selbst eine zu schwere Last auf und können der Welt allein von sich aus nicht gerecht werden. So wird die Arbeit, die ursprünglich als paradiesisch galt (Gen 2, 15 – das Land bebauen), nach dem Fall zu einer Strafe, die viel Schweiß und Mühe kostet (Gen 3,23). Die Verbannung aus dem Garten Eden bedeutet nicht, daß Adam und Eva an einen anderen Ort gehen müssen, sondern daß sie sich von der göttlich geförderten Fruchtbarkeit abschneiden und sich selbst zum Fluch der Eigenleistung und der Last der letzten Verantwortung verurteilen.

Im letzten Kapitel der Urgeschichte (Gen 11) begehen die Menschen wieder dieselbe Sünde. Mit dem Turmbau zu Babel versuchen sie, durch eine monumentale Leistung die Grenze zwischen Himmel und Erde auszulöschen. Wieder übernehmen sie sich und verfehlen sich dabei erbärmlich. Sie, die sich »einen Namen machen wollten«, werden namenlos in die Isolierung der Sprachverwirrung zerstreut.

Im nächsten Kapitel beginnt die Heilsgeschichte mit Abram, der seine Heimat und seine Verwandtschaft verläßt und als Auswanderer von Gott einen neuen Namen empfängt. Gott gibt ihm ein Versprechen und einen Segen, so daß er wiederum ein Segen wird für viele. So ist Abrahams Wirken wieder eingegliedert in das Wirken Gottes und dadurch überreich fruchtbar gemacht. Abraham ist der Antipode des Leistungsmenschen. Er ist der Vater aller Glaubenden.

Ignatius gebraucht gern das Bild des Werkzeugs als Ausdruck unserer Mitarbeit am Wirken Gottes. Es übermittelt die Wahrheit, daß im Heilswerk (und die große Leidenschaft des Ignatius, *iuvare animas,* d.h. den Seelen helfen, *ist ein Heilswerk*) alle Tätigkeit ihren Ursprung in Gott hat und von ihm empfangen wird, der sie uns unverdient anvertraut. Wir sind Partner der Urquelle alles Guten. Wir sind verantwortlich, haben aber nicht die letzte Verantwortung. Wir sind Werkzeuge in Gottes Händen. Unsere Freude macht es aus, uns vorbehaltlos Gottes handwerklicher Meisterschaft zu überlassen und so bereitwillig zu sein wie nur möglich. Wir können sicher sein, daß wir als Gottes Werkzeuge mit der größten Sorge und Behutsamkeit, in Liebe und Freude gebraucht werden, so wie der Geiger seine Geige gebraucht.

## Glaube als Gegensatz zum Gesetz

Daß unser Heil durch Glauben und nicht durch das Gesetz gewirkt wird, war eines der wichtigsten Themen des hl. Paulus. Es ist das Hauptthema des Römerbriefes, seines längsten und bedeutendsten Schreibens. Im Brief an die Galater behandelt er dasselbe Thema mit leidenschaftlichem Eifer. Jenen, die mit der biblischen Theologie nicht vertraut sind, mag diese heftige Diskussion fremd erscheinen. Heute könnte man diese Antithese vielleicht mit den Worten Fruchtbarkeit und Leistung übersetzen und so ihre Relevanz und Aktualität deutlich werden lassen.

Gerechtigkeit und Heiligkeit sind Wesenseigenschaften Gottes, und zwar so sehr, daß sie geradezu als Namen Gottes gelten. In seiner Güte teilt Gott uns diese Eigenschaften mit und verwandelt damit unser innerstes Wesen. Der Unterschied zwischen ihm und uns ist und bleibt jedoch die Tatsache, daß Gott von Natur aus gerecht und heilig ist, während wir nicht aus eigener Kraft, sondern von Gott gerecht gemacht und geheiligt werden.

*Die* große Versuchung des Gesetzes besteht darin, daß wir uns bemühen, unser Heil durch die genaue Beobachtung des Gesetzes selber sicherzustellen. Unser Leistungstrieb bricht dann ein in den ausschließlich göttlichen Bereich, über die Grenzen der eigenen Möglichkeiten hinaus. Der Grundsatz: »Ich bin, was ich leiste« ist, wenn er auf den Glauben und das Verhältnis zu Gott übertragen wird, völlig fehl am Platz und wirkt hier noch weit verheerender als auf jedem anderen Gebiet. Das Gesetz provoziert den ichbezogenen Menschen zu illusorischer Superleistung in dem Versuch, Gottes Platz einzunehmen. »Ihr werdet sein wie Gott« war die Formulierung der Schlange bei der Urversuchung. Eine solche Haltung erkühnt sich, Gott auf eine Größe unserer Welt reduzieren zu wollen.

Wer so denkt und lebt, verkehrt das Gesetz; er gebraucht es als Mittel, um sein Heil zu bewirken. Diese Mentalität kann niemals die Freiheit der Kinder Gottes erbringen, sondern sie führt zur Unterwerfung unter einen eisernen Zuchtmeister, dem man es niemals recht machen kann. »Alle aber, die nach dem Gesetz leben, stehen unter dem Fluch« (Gal 3,10). Dieser Zuchtmeister ist der Gipfel des Leistungsdruckes und zugleich ein radikaler Selbstbetrug.

Unsere Empfänglichkeit für Gottes Gnade befreit uns vom Krampf der Selbstvergötzung und der damit verbundenen übermenschlichen Last. Aus Gnade nehmen wir teil am göttlichen Leben: eine Gabe, die wir nie selbst bewirken können. Gott nimmt uns hinein in das Geheimnis des dreifaltigen Lebens und der Liebe des Vaters, des Sohnes und des Heiligen Geistes. Jesus selbst befähigt uns, dort zu wohnen, wo er selbst zu Hause ist und seine Geborgenheit findet. »Allen aber, die ihn aufnahmen, gab er Macht, Kinder Gottes zu werden« (Joh 1,12). Der Schlüssel dazu ist unser Offensein für Gottes freigeschenkte Gnade; denn so kann Gottes Leben sich in uns entfalten und Frucht tragen. Dann werden wir imstande sein, eines Tages mit Paulus zu sagen: »Durch Gottes Gnade bin ich, was ich bin, und sein gnädiges Handeln an mir ist nicht fruchtlos geblieben« (1 Kor 15,10). »Nicht die Aktivität rechtfertigt uns, sondern die Rechtfertigung aktiviert uns« (Wilfried Joest).

Die Trennungslinie zwischen Gnade und Gesetz scheidet das Wirken aus der Fülle vom Wirken aus dem Mangel. Das letztere ist eine angstbesetzte Anstrengung, um Erleichterung und Gewinn zu erlangen; sie ist charakterisiert durch den Druck, nicht versagen zu dürfen. Das erstere jedoch wirkt aus einem Geist der Zufriedenheit und Erfüllung und läßt seinen Reichtum frei ausströmen.

# DREIZEHNTES KAPITEL

# Den Bund leben

*Ich sage euch: Sorgt euch nicht*

Ich sage euch: Sorgt euch nicht um euer Leben und darum, daß ihr etwas zu essen habt, noch um euren Leib und darum, daß ihr etwas anzuziehen habt. Ist nicht das Leben wichtiger als die Nahrung und der Leib wichtiger als die Kleidung? Seht euch die Vögel des Himmels an: Sie säen nicht, sie ernten nicht und sammeln keine Vorräte in Scheunen; euer himmlischer Vater ernährt sie. Seid ihr nicht viel mehr wert als sie? Wer von euch kann mit all seiner Sorge sein Leben auch nur um eine kleine Zeitspanne verlängern? Und was sorgt ihr euch um eure Kleidung? Lernt von den Lilien, die auf dem Feld wachsen: Sie arbeiten nicht und spinnen nicht. Doch ich sage euch: Selbst Salomo war in all seiner Pracht nicht gekleidet wie eine von ihnen. Wenn aber Gott schon das Gras so prächtig kleidet, das heute auf dem Feld steht und morgen ins Feuer geworfen wird, wieviel mehr dann euch, ihr Kleingläubigen! Macht euch also keine Sorgen und fragt nicht: Was sollen wir essen? Was sollen wir trinken? Was sollen wir anziehen? Denn um all das geht es den Heiden. Euer himmlischer Vater weiß, daß ihr das alles braucht. Euch aber muß es zuerst um sein Reich und um seine Gerechtigkeit gehen; dann wird euch alles andere dazugegeben (Mt 6,25–33).

»Euer himmlischer Vater weiß, daß ihr das alles braucht.« Er weiß auch, daß wir mehr brauchen als nur Kleidung und Essen und Trinken; wir brauchen auch Sicherheit, Geborgenheit, Bejahung, Erfolg, Erfüllung, Zuneigung, Liebe. Alle diese lebenswichtigen Werte erhalten wir durch Menschen; unser himmlischer Vater wirkt durch sie.
Sicher müssen wir sorgen »um all das« und vorausplanen.

Doch Jesus verbietet uns, ängstlich darum besorgt zu sein. Während wir Vorbereitungen treffen, müssen wir gleichzeitig auf Gottes liebevolle Sorge vertrauen. Solches Vertrauen erlöst uns von der Angst. »All das« sollte weder unsere erste Motivation bei unserer Arbeit sein noch der bestimmende Faktor in unseren Entscheidungen. »Euch muß es zuerst um Gottes Reich und seine Gerechtigkeit gehen«, d.h. ein Verhalten in Übereinstimmung mit Gottes Plan für das Heil der Menschen, »dann wird euch alles andere dazugegeben«, einschließlich der Werte wie Anerkennung, Zuneigung und dergleichen. Wenn wir sie empfangen, laßt sie uns ohne jeden Vorbehalt empfangen, sie genießen und sie frohen Herzens auskosten. Doch laßt uns auch den Allmächtigen als ihren Ursprung anerkennen und Gott danken. »Nichts ist verwerflich, wenn es mit Dank genossen wird; es wird geheiligt durch Gottes Wort und durch das Gebet« (1 Tim 4,4–5). Das heißt, daß wir uns nicht ängstlich an diese Gaben klammern sollen, als ob wir sie gegen Gott, der sie uns entreißen möchte, verteidigen müßten. Dankbarkeit wie Unentgeltlichkeit machen uns transparent; beides läßt den Ursprung hindurchstrahlen und befreit uns von unangemessenem Streß.

Wenn Jesus den Vergleich mit den Vögeln und den Blumen gebraucht, möchte er im Grund nichts anderes als den Bund in einer neuen Weise darstellen. Dessen Kern bestand immer darin, daß einerseits wir Gott suchen mit unserem ganzen Herzen und unserer ganzen Seele und mit all unserer Kraft und daß andererseits Gott für uns sorgen wird. Es ist eine Verlagerung der Hauptinteressen, ein Auswechseln der Schwerpunkte. *Wir* machen Gott zu unserer Priorität. Und *Gott* macht unser Wohlergehen zu seinem göttlichen Anliegen. Jeder sorgt für den anderen, nicht für sich selbst. Das verschafft uns eine große Erleichterung und einen tiefen Frieden. Wir haben gewiß nicht weniger Eifer als zuvor, doch jetzt ist es eine Sorge um den Partner; so ist der Stachel der Selbstsucht genommen. Das macht einen sehr großen Unterschied aus!

Wenn die ängstlichen Sorgen weg sind, ist Raum für eine große Einfachheit des Lebens. Gott sichert uns alles zu, was wir brauchen für Körper, Geist und Herz. Gewiß werden zuweilen Wüstenstrecken zu durchwandern sein, in denen wir uns erschöpft und vergessen vorkommen. Auch das gehört zum Bund. Ohne solche Erfahrungen würden wir zu selbstsicher werden und dem Bund entgleiten. Sie sind nicht ohne Bedeutung, ja sie sind sogar notwendig. Die menschliche Natur, so wie sie eben ist, braucht sie zu ihrer Läuterung. Getröstet sind wir durch die Worte aus dem Römerbrief: »Wir wissen, daß Gott bei denen, die ihn lieben, alles zum Guten führt« (Röm 8,28). Alles ist hineingenommen in den Bund. Und Gott garantiert uns, daß die Versuchungen uns nicht überfordern werden (vgl. 1 Kor 10,13).

Für jene, die zu den 20% der Weltbevölkerung gehören, die 80% der Güter der Erde verbrauchen, ist das oben Gesagte leicht zu behaupten oder zu lesen. Doch der Bund ist auch für die anderen 80% der Menschheit gemeint. Sie liegen Gott nicht weniger am Herzen als wir, und er möchte sie durch uns seine Sorge erfahren lassen. Hier begegnen wir wiederum dem Begriff (oder vielleicht der Wirklichkeit) der Sendung: Gott ist gegenwärtig und wirkend im Gesandten. Kein Bund ohne Sendung! Und in der westlichen Welt gehört zur Sendung unzweifelhaft, daß wir es endlich schaffen, Mittel und Wege zu finden, um unseren Überfluß mit jenen zu teilen, die hungern und sogar verhungern.

Der Bund ist in dem Maße fruchtbar, in dem wir uns mit großem Vertrauen auf Gott gewissenhaft unserer Sendung verschreiben. Der ungarische Jesuit Gabriel Hevenesi († 1715) faßt einige Gedanken des hl. Ignatius in der scharfsinnigen Maxime zusammen:

> Dies sei die erste Regel für das Handeln:
> Vertraue so auf Gott,
> als hinge der ganze Erfolg der Dinge von dir
> und nichts von Gott ab;
> wende ihnen dennoch so alle Mühe zu,
> als werdest du nichts
> und Gott allein alles tun.[1]

Mit Recht sagt er nicht: *Obschon* wir selbst handeln müssen, sollen wir doch auf Gott vertrauen. Denn gerade *weil* wir selbst handeln müssen, sollen wir auf Gott vertrauen. Unsere Fähigkeit, sowohl in ihrer Stärke wie auch in ihrer Schwäche, bezieht sich immer auf ihn, dessen Macht in uns wirksam ist. Noch einmal: Nicht *obschon* Gott alles wirkt, sollen wir auch noch wirken, sondern *weil* er alles wirkt – in uns und durch uns.

Wie können wir wissen, daß wir dem wirklich entsprechen? Das Zeichen dafür ist, daß der geistliche Trost zunimmt, z.B. daß unsere Beziehung zu Gott vertrauter wird und daß Glaube, Hoffnung und Liebe wachsen (vgl. EB 316). Unser Herz wird warm, und Friede breitet sich aus.

## Nicht zum Vorzeigen

Anders als bei der Ernte auf dem Feld oder im Obstgarten, kann die Fruchtbarkeit im Reich Gottes oft nicht vorgezeigt werden. Gewöhnlich ist sie nicht meßbar und bleibt verborgen, allein dem Allmächtigen bekannt, »der auch das Verborgene sieht« ( Mt 6,4.6.18). Sie verherrlicht Ihn, »der wachsen ließ« (1 Kor 3,6). Leistung kann im Gegensatz dazu zur Schau gestellt werden zu unserem eigenen Ruhm und unserer Ehre. Sie ist greifbar und meßbar; sie bestätigt unseren Wert.

Ein Sprichwort sagt: »Wer zählt, dem entgeht der Segen.« Segnen heißt, Leben bestätigen und fördern. Gottes Segen besitzt die Macht, Wachstum und Fruchtbarkeit zu wirken. Der ungeschminkte Glaube, der sich in der Volksweisheit niedergeschlagen hat, weiß, daß das Zählen die Balance stören und einen des Segens berauben kann.

Das Ende von Davids Leben veranschaulicht auf tragische Weise, wie das geschehen kann. Es ist ein merkwürdiges und auf den ersten Blick unheimliches Beispiel, das uns zeigt, welches Übel aus zu großer Eigenmächtigkeit entsteht. Gleichzeitig lehrt es uns eindringlich, wie sehr wir gewöhnlich vom Geist unserer Leistungen beherrscht werden und wie verschieden die Perspektive der Bibel ist.

Als David alt und schwach geworden war, ordnete er in Israel und Juda eine Volkszählung an, um seine Stärke zu messen (2 Sam 24). Der Oberbefehlshaber Joab erhob dagegen Einspruch: »Der Herr, dein Gott, möge das Volk mehren, hundertmal mehr als es jetzt ist, und mein Herr, der König, möge es mit eigenen Augen sehen. Warum aber hat mein Herr, der König, Gefallen an einer solchen Sache?« Der König bestand jedoch darauf und wies den Einwand seines Generals zurück. So wurde die Volkszählung vorgenommen, und Joab gab David das Ergebnis bekannt. Israel zählte achthunderttausend Krieger und Juda fünfhunderttausend. Da wurde sich der König seines Fehlers bewußt; er betete zu Gott: »Ich habe schwer gesündigt, weil ich das getan habe. Doch vergib deinem Knecht seine Schuld, Herr; denn ich habe sehr unvernünftig gehandelt.« Trotzdem wird diese Sünde auf das schwerste geahndet, bevor sie vergeben wird.

Wir fragen uns: Wo liegt denn Davids Schuld in dieser Sache? Die Frage wird noch beklemmender, wenn wir uns erinnern, daß Mose auf der Wanderung durch die Wüste zweimal eine Volkszählung vornahm, wie es in den Kapiteln 1 und 26 im Buch Numeri aufgezeichnet ist; das Buch erhielt seinen Namen ja gerade von diesen Volkszählungen. Sie wurden auf göttlichen Befehl gegen Anfang und Ende des Auszuges ins Verheißene Land durchgeführt und hatten offensichtlich eine religiöse Bedeutung. Es ist klar, daß eine Volkszählung in sich nicht sündhaft ist. Warum ist sie dann in Davids Fall ein schweres Vergehen?

Die Antwort erschließt sich beim Blick auf den Ursprung der Berufung des David. Er wurde als Junge erwählt, als er die Schafe seines Vaters Isai weidete, und zwar nachdem Samuel seine sieben älteren Brüder einen nach dem anderen verworfen hatte. Seine erste größere Gotteserfahrung erlebte er bald danach in seinem Kampf mit Goliath. David hatte seine Stellung klar ausgesprochen, als er dem Philisterriesen sagte: »Du kommst zu mir mit Schwert, Speer und Sichelschwert, ich aber komme zu dir im Namen des Herrn der Heere« (1 Sam 17,45). In »den letzten Worten Davids« (2 Sam 23) bringt er nochmals zum Ausdruck, daß Gott ihn immer gehalten hat: »Ist nicht mein Haus durch Gott gesichert? Weil er mir einen ewigen Bund gewährt hat, ist es in allem wohlgeordnet und gut gesichert« (V. 5). Und jetzt, da die Zeit für David gekommen ist, sich darauf vorzubereiten, alles zurückzulassen, leugnet er seine lebenslange Erfahrung mit Gott und beginnt, seine eigene Macht zu zählen.

Doch war nicht Gott stets seine Kraft gewesen? Ist dieses plötzliche Zur-Schau-Stellen seiner eigenen Macht deshalb nicht ein Mangel an Vertrauen auf Gottes Zuverlässigkeit, die während seines langen Lebens sich so unmißverständlich treu erwiesen hatte?

Einst hatte David den Propheten Natan gebraucht, um ihm zu helfen, sich seiner Sünde zu stellen, die er mit Batseba gegen Urija begangen hatte (2 Sam 12). Diesmal reagierte sein Gewissen schneller und empfindsamer. Der Prophet Gad brauchte das nur zu bestätigen und Gottes Urteil zu verkünden. Diese Begebenheit kann unsere Augen öffnen für den Vertrauensbruch, der in der Zurschaustellung unserer eigenen Leistungen verborgen sein kann, und uns bewußt werden lassen, wie empfindlich Gott gegenüber einer solchen Verhaltensweise ist.


### Bis zum Tod

Je älter wir werden, desto mehr nehmen unsere Leistungen ab. Ein Profisportler merkt das schon ziemlich früh. Aber wenn wir lange genug leben, erfahren wir es alle, jeder auf seine Weise: Körper und Geist verlieren an Kraft.

Fruchtbarkeit dagegen kann mit den Jahren zunehmen. Verschiedene Psalmen bezeugen das mit Freude und Dank, z.B.: »Der Gerechte gedeiht wie die Palme, er wächst wie die Zeder des Libanon. Gepflanzt im Hause des Herrn, gedeihen sie in den Vorhöfen unseres Gottes. Sie tragen Frucht noch im Alter und bleiben voll Saft und Frische; sie verkünden: Gerecht ist der Herr; mein Fels ist er, an ihm ist kein Unrecht« (Ps 92, 13–16).

Die Minderung unserer Kräfte ist ganz klar eine der Prüfungen, mit der wir uns im Alter auseinandersetzen müssen. Das ist nicht leicht. Der Drang, jung zu bleiben, ist gesund

und normal. Die öffentliche Meinung in der westlichen Welt fördert dieses Verlangen offensichtlich sehr. Viel Gutes liegt in dieser Tendenz, und sie kann zu echter Erfüllung beitragen. Und doch kann sie gelegentlich auch in ungesunde Extreme getrieben werden. Ein Jugendmythos ist gegen Senioren voreingenommen. Es gibt ältere Menschen, die sich von dieser Haltung so beeinflussen lassen, daß sie von der Idee, jung und »dabei bleiben« zu wollen, wie besessen sind. Die Angst vor dem Alter hat sie dann ganz im Griff. Diese entwickelt sich leicht zu einer Verdrängung der Wirklichkeit; so viel Energie wird in die Verleugnung des Unvermeidlichen und auch Offensichtlichen investiert, daß man darüber lachen könnte, wäre es für die Betroffenen nicht so bedrückend.

Eine Spiritualität der Fruchtbarkeit könnte sie von ihrer sinnlosen Angst befreien. Wenn so viele gläubige Menschen (einschließlich Ordensleute) unter dem Nachlassen ihrer Kräfte so bitter leiden, fragt man sich, ob die Leistungsgesellschaft sie nicht übermäßig infiziert hat. Könnte es sich hier nicht um ein zu enges Verständnis der eigenen Bedeutsamkeit handeln?

Nicht nur die Älteren kämpfen mit diesem Problem. Es gibt ohne Zweifel Menschen, die auf bewunderungswerte Weise treu die Alten und Kranken besuchen. Es gibt aber auch andere, die diese Besuche um jeden Preis vermeiden, bis zur Teilnahmslosigkeit. Ihnen fällt es offensichtlich schwer, die Älteren zu besuchen. Dafür mögen verschiedene Gründe geltend gemacht werden. Die Konfrontation mit dem Abbau der Kräfte ist gewiß einer davon. Sie erinnert sie daran, daß auch sie eines Tages einen ähnlichen Verfall erleiden werden. Die Furcht vor unserem eigenen Altwerden kann leicht zur Verdrängung führen. Eine Menge Entschuldigungen lassen sich dafür vorbringen, und doch ist eine solche Haltung bedauerlich.

Die Gefahr der Beurteilung und Einordnung der Menschen nach sehr zweitrangigen Kriterien zeichnet sich in der Leistungsgesellschaft bedrohlich ab. Einige Menschen sind interessant, weil sie uns auf intellektuellem, affektivem, emotionalem, erotischem, kulinarischem, finanziellem oder auf welchem Gebiet auch immer bereichern. Andere befriedigen unser Helfer-Syndrom und erhöhen so unser Selbstwertgefühl. Das Evangelium fordert uns heraus, diese ziemlich selbstsüchtigen Kategorien zu überschreiten und unseren Nächsten wie uns selbst zu lieben, und zwar *jeden* Nächsten.

Ein Priester, der in den Achtzigern stand, drückte diesen Wunsch so aus: »Auf der letzten Wegstrecke dieses Lebens wünsche ich, daß es ein Weg tiefster Liebe zum Herrn und ganz selbstlosen Dienstes für die Welt würde. Es ist wunderbar, daß mit zunehmendem Alter das Bewußtsein, in Dienst zu stehen, eher noch zunimmt, vielleicht in dem Maß, in dem es ein ganz unsichtbarer Dienst wird, nicht spürbar auch für den alten Menschen selber und deshalb um so selbstloser: ganz verborgen in der Liebe Christi. Ich bete, daß mich Gott in dieser Lebensspanne daraufhin läutert.«

# VIERZEHNTES KAPITEL

# Ein Beispiel des hl. Franziskus

Ein Bruder[1], der als Krüppel zur Welt gekommen war und sich nur mühsam an Krücken bewegen konnte, lebte im Konvent der Franziskaner in Bologna. Er war sehr geschickt im Anfertigen von Körben und Kisten, die er auf dem Markt den Leuten anbot im Tausch für Nahrungsmittel, um so zum Lebensunterhalt der Gemeinschaft beizutragen. Als der heilige Franziskus den Konvent in Bologna besuchte, erzählte ihm der Bruder voller Begeisterung und Freude, wie sehr die Leute seine Körbe und Kisten lobten und daß er trotz großer Anstrengung nicht genug herstellen könne.

Franziskus seufzte tief und sagte: »Oft werden die Waffen der Gerechtigkeit zu Waffen der Ungerechtigkeit (vgl. Röm 6,13). Wir leben zwar in dieser Welt, kämpfen aber nicht mit den Waffen dieser Welt. Die Waffen, die wir bei unserem Feldzug einsetzen, sind nicht irdisch (2 Kor 10,3–4), es sind die heiligen Gelübde. Erhaben ist die Armut, wenn die Demut sie bei all unseren Werken ziert. Strahlend ist die Keuschheit, wenn unser Licht vor den Menschen so leuchtet, daß sie durch unsere Werke den Vater im Himmel preisen. Kostbar ist der Gehorsam, wenn wir uns für unsere Werke das Maß geben lassen und es uns nicht selbst nehmen.«

Da ward der Bruder erschüttert, und er gestand dem hl. Franziskus den Stolz, den Ungehorsam und die Eigenmächtigkeit, die sein Herz besetzt hatten. Franziskus schloß ihn liebevoll in die Arme, segnete ihn und sagte: »Alles, was wir beginnen und tun, bedarf der Heiligung durch das Gebet. Darum gehe vor allem, was dir zu tun aufgetragen ist, im Gebet zu *Ihm*, dem allein dein Herz gehört. Laß dich von *Seiner* Liebe erfüllen und durch die Kraft *Seines* Geistes stärken, dann werden deine Werke Früchte des Geistes (Gal 5,22) bringen. Nur so entgehen wir der Gefahr, daß aus unseren gutgemeinten Taten Werke des Fleisches und der Finsternis werden« (vgl. Gal 5, 19–21; Röm 13, 12–13).

Der Bruder dankte dem hl. Franziskus, und fortan machte er die Körbe und Kisten als Gefäße des kostbaren Schatzes (2 Kor 4,7) der göttlichen Liebe und füllte sie mit Gebet und Segen für die Menschen.

Die feinsinnige Botschaft der Erzählung findet ihren Höhepunkt darin, daß der Bruder die gleiche Arbeit, die er zuvor getan hat, weiter tut, jedoch in einem anderen Geist. Die Arbeit, die er mit seinem Ego gefüllt hatte, ist verwandelt; sie ist jetzt voll von Gott.

# 5. Teil

# VERWEILEN IN UNZUGÄNGLICHEM LICHT

# FÜNFZEHNTES KAPITEL

## Das unauslotbare Geheimnis

Der Priester war jung, ungefähr 25 Jahre alt. Er versah gerade den Dienst im Tempel, als ihn diese erschütternde Erfahrung traf: Gott brach völlig unvorhergesehen in sein Leben ein. Ohne Zweifel war er von Jugend an ein frommer Mann gewesen, doch auf diese Begegnung mit Gott in seiner überwältigenden Herrlichkeit war er in keiner Weise vorbereitet. Plötzlich fand er sich Auge in Auge dem Allheiligen gegenüber. Er fühlte sich wie zerschmettert: Staub, Asche, absolute Unwürdigkeit. Er verlor allen Halt und taumelte hilflos in die abgrundtiefe Kluft zwischen Schöpfer und Geschöpf, zwischen dem Allheiligen und dem Sünder.

Daß er diese Begegnung so empfand, war eine völlig gesunde Reaktion, war ja nicht einmal Mose, den Gott »wegen seiner Treue und Bescheidenheit aus allen Sterblichen erwählte« (Sir 45,4), heilig genug, um die Herrlichkeit des Ewigen zu ertragen: »Mose konnte das Offenbarungszelt nicht betreten, denn die Wolke lag darauf, und die Herrlichkeit des Herrn erfüllte die Wohnstätte« (Ex 40,35). Zuvor war Mose, als er sich in einer sehr schwierigen Lage befunden hatte, vor dem unangemessenen Wunsch, Gott sehen zu wollen, gewarnt worden: »Du kannst mein Gesicht nicht sehen; denn kein Mensch kann mich sehen und am Leben bleiben« (Ex 33,20).

111

Und jetzt wird diese Begegnung mit Gottes Majestät dem jungen Jesaja – das war der Name des Priesters – ohne gebührende Vorbereitung zugemutet. Aber kann es für eine solche Erfahrung überhaupt eine Vorbereitung geben, die auch nur im geringsten adäquat wäre? Wenn Jesaja Jahre später dieses erschütternde Ereignis in Worte kleidet, schwingt die tiefe Bewegtheit noch immer mit.

Im Todesjahr des Königs Usija sah ich den Herrn. Er saß auf einem hohen und erhabenen Thron. Der Saum seines Gewandes füllte den Tempel aus. Serafim standen über ihm. Jeder hatte sechs Flügel: Mit zwei Flügeln bedeckten sie ihr Gesicht, mit zwei bedeckten sie ihre Füße, und mit zwei flogen sie. Sie riefen einander zu: Heilig, heilig, heilig ist der Herr der Heere. Von seiner Herrlichkeit ist die ganze Erde erfüllt. Die Türschwellen bebten bei ihrem lauten Ruf, und der Tempel füllte sich mit Rauch.
Da sagte ich: Weh mir, ich bin verloren. Denn ich bin ein Mann mit unreinen Lippen und lebe mitten in einem Volk mit unreinen Lippen, und meine Augen haben den König, den Herrn der Heere, gesehen. Da flog einer der Serafim zu mir; er trug in seiner Hand eine glühende Kohle, die er mit einer Zange vom Altar genommen hatte. Er berührte damit meinen Mund und sagte: Das hier hat deine Lippen berührt: Deine Schuld ist getilgt, deine Sünde gesühnt (Jes 6,1–7).

### Kabod

Die Bibel hat in hebräischer Sprache ein eigenes Wort, das die ungeheure Wirklichkeit, um die es hier geht, andeutet: *Kabod*. Das Wort ist uns fremd, nicht allein wegen der Fremdsprache, sondern mehr noch wegen seines Inhaltes. Damit vor allem tun wir uns schwer, und die moderne Verkündigung wagt sich sehr selten an dieses Thema.
Der lohnendste Zugang zu diesem Begriff ist nicht eine rationale Analyse, sondern vielmehr ein innerliches Verkosten. Es geht hier ja nicht um ein Problem, das man lösen

könnte, sondern um ein Geheimnis, dem man sich öffnen muß. Geheimnis kann man negativ umschreiben als eine Wirklichkeit, die man nie entsprechend verstehen kann, oder positiv als eine Wirklichkeit, in die unser Verstand immer tiefer einzudringen vermag, ohne sie je auszuschöpfen. Hier kommt aber das Herz weiter als der Verstand; die Meditation bringt mehr als die Diskussion.

Das Wort kabod hat im Hebräischen eine dreifache Bedeutung. Zunächst bedeutet es das Gewicht, die Schwere, das, was etwas auf der Waage wiegt. Das ist der Literalsinn des Wortes. Oft jedoch wird kabod auch im übertragenen Sinn gebraucht und sagt dann die Gewichtigkeit, das Herausragende, die Ehrenstellung eines Menschen aus. Joseph, der zum Vizekönig von Ägypten aufgestiegen war, ist ein Beispiel aus der Heiligen Schrift. Er schickt seine Brüder zu seinem Vater Jakob zurück mit der Botschaft: »Erzählt meinem Vater von meinem kabod in Ägypten und von allem, was ihr gesehen habt« (Gen 45,13). In diesem Fall wird kabod mit ›hoher Rang‹ übersetzt und kommt dem modernen englischen Wort VIP (very important person) nahe.

Dann gibt es noch eine dritte Bedeutung des Wortes kabod, die in der Bibel ohne Zweifel die wichtigste ist. Hier sagt es die Gewichtigkeit, Herrlichkeit, Macht und Gewalt Gottes aus. Immer wieder betont die Schrift, daß Gott unsichtbar ist. Die Wucht der göttlichen Erscheinung, wenn dabei auch Gottes eigentliches Wesen verhüllt bleibt, nennt der Jude kabod. Nach und nach nimmt kabod die Stelle eines Gottesnamens ein. Der kabod ist Gott selbst, insofern er sich den Menschen in Macht und Herrlichkeit offenbart. Der kabod wahrt Gottes Geheimnis, seine Verborgenheit, besagt aber zugleich seine (allerdings eingeschränkte) Selbstoffenbarung, seine wahrnehmbare Gegenwart. Ähnlich deutet der heiligste aller Namen, YHWH, Gottes Anwesenheit an, jedoch nicht Gottes Wesen: Er sagt uns, daß Gott mit uns ist, aber nicht, wer er ist. Der Name kabod deutet an, wie unvergleichbar, übermächtig Gottes Majestät und Macht sind. Dieser göttliche kabod ist überhaupt nicht statisch, wie es von der Grundbedeutung des Wortes her naheliegen könnte, sondern äußerst dynamisch und wirkmächtig. Er wirkt die

Wundertaten Gottes, unter denen im Alten Testament der Durchzug durch das Rote Meer die größte ist. Von Generation zu Generation besingt das Volk Gottes wunderbare Macht, die diese Wunder gewirkt hat. Es ist eine Kraft, die unter Menschen keinen Vergleich hat. Das Wort kabod wird auch spontan mit Licht assoziiert, und zwar mit einem blendenden Licht, das zu schauen das menschliche Auge unfähig ist. »Die Erscheinung der Herrlichkeit des Herrn auf dem Gipfel des Berges zeigte sich vor den Augen der Israeliten wie verzehrendes Feuer« (Ex 24,17). Der kabod ist der Glanz göttlicher Heiligkeit, den wir Menschen weit weniger ertragen können als die Sonne in ihrer vollen Kraft. »Daß dir beim Sonnensehn vergehet das Gesicht, sind deine Augen schuld und nicht das große Licht« (Angelus Silesius).

> Eine Qualität der Heiligkeit, eine Qualität der Macht,
> Eine Qualität der Furcht, eine Qualität der Erhabenheit,
> Eine Qualität des Erbebens, eine Qualität des Zitterns,
> Eine Qualität des Schreckens, eine Qualität der Bestürzung,
> Ist die Qualität des Gewandes Zoharariels, YHWH,
> Des Gottes Israels.
> Er schreitet gekrönt zum Thron seiner Herrlichkeit ...
> Und kein geschöpfliches Auge kann sie schauen,
> Nicht die Augen von Fleisch und Blut,
> Nicht die Augen seiner Knechte.
> Und er, der sie dennoch schaut oder sieht oder erblickt in flüchtigem Erhaschen,
> Dessen Augen erfassen kreisende Wirbel,
> Aus dessen Augen ... brechen hervor Fackeln von Feuer,
> Und sie entzünden ihn und sie verbrennen ihn ...[1]

Daß Gott für uns Menschen unnahbar ist, liegt weder an unserer Sündhaftigkeit noch an einer Art von Widerstreben auf seiten Gottes, noch auch ist es etwas Vorübergehendes, das weder durch eine fortschreitende Selbstoffenbarung Gottes noch durch unsere zunehmende Heiligung überwunden werden könnte. Gott ist und bleibt absolutes Geheimnis. Es ist Gott angemessen, größer zu sein als das, was wir über den Allheiligen wissen oder aussagen.

Gott ist der ganz Andere, der absolut Unvergleichbare. Der hl. Augustinus drückt es prägnant aus: *Si comprehendis, non est Deus* – Wenn du verstanden hast, dann ist das, was du verstanden hast, nicht Gott.[2] Das gilt auch von den Engeln: Auch sie können Gott nicht erfassen. In der Vision des Jesaja bedecken die Serafim ihr Gesicht mit zwei Flügeln, um den Allheiligen nicht zu schauen. Gott ist auch für sie unbegreiflich und unerreichbar.

Was Jesaja im Todesjahr des Königs Usija im Tempel erfuhr, war genau dieser kabod: die majestätische Herrlichkeit Gottes und die nie endende Verherrlichung, die dem Allmächtigen gebührt. Der kabod hat das Leben des Propheten für immer geprägt. Er hat ihn ein für allemal ergriffen. Über Gott redet er immer als über den Dreimalheiligen, den Starken und Mächtigen. Ebenso verliert er auch nie mehr das Bewußtsein der menschlichen Unangemessenheit.

Dieser kabod durchzieht nicht nur das Buch Jesaja, sondern die ganze Heilige Schrift: »Du bist furchtbar und herrlich, mehr als die ewigen Berge« (Ps 76,5). Er prägt die Liturgie des Alten und des Neuen Bundes. Das »heilig, heilig, heilig« in unserer Eucharistiefeier erinnert immer wieder an diese Berufungsvision des Jesaja, und das »Ehre sei dem Vater und dem Sohn und dem Heiligen Geist«, das in unserem Psalmengebet den cantus firmus bildet, ist ein menschliches Echo auf den göttlichen kabod. Gott die Ehre geben fügt gewiß seinem kabod nichts hinzu, wie es eine unserer Präfationen auch ausdrücklich sagt (die vierte für die Wochentage): »Du bedarfst nicht unseres Lobes ...; unser Lobpreis kann deine Größe nicht mehren ...« Für uns aber ist es eine Notwendigkeit: Wer etwas vom kabod verspürt hat, kann nicht anders als Gott ehren.[3]

## Gott loben

Ignatius von Loyola verlangt in »Prinzip und Fundament« seiner Geistlichen Übungen die Haltung, daß »wir allein wünschen und wählen, was uns *mehr* (magis) zu dem Ziel hinführt, zu dem wir geschaffen sind«.[4] Dieses Ziel hat er vorher beschrieben als: »Gott, unseren Herrn, zu loben, ihm Ehrfurcht zu erweisen und zu dienen und so unsere Seele zu retten« (EB 23). »Der größere Dienst und Lobpreis Gottes« (EB 183) ist für Ignatius immer das Entscheidende. Dennoch kann dieses »Gott ehren« leicht zu harmlos verstanden werden. Wir stoßen hier in einen Bereich vor, für den der moderne Mensch meist wenig Gespür hat und in dem ihm zuweilen sogar die angemessene Sprache fehlt. Weil es aber um etwas geht, das für das Religiöse wesentlich ist, darf man in diesem Fall mit Fug und Recht das Sprichwort anwenden: »Was den Zeiten nottut, ist das Unzeitgemäße«. Das ist keine angenehme Erfahrung, und es ist auch keine neue. Vom ersten Jahrhundert an mußten die Gläubigen gegen den Strom schwimmen.

Wir brauchen uns nicht verschämt zurückzuhalten. Wenn wir das authentisch weitergeben, was Gott uns in Schrift und Tradition geoffenbart hat, und wenn wir das, soweit möglich, in heutiger Sprache tun, werden wir erfahren, daß wir die Fragen vieler beantworten. Die Antwort, die der gerade aktuelle Markt nicht liefern konnte, kam oft überraschenderweise von dem, was unzeitgemäß erschien, vorausgesetzt, daß dieses echt war. In unseren Tagen forschen viele mit großer Anstrengung und unter Opfern nach dem Jenseitigen. Sie suchen das Heilige, wenn sie auch andere Worte dafür gebrauchen. Es hat eine Verlagerung gegeben von religiöser, theologischer Sprache zu psychologischen, soziologischen Paradigmen, aber der allem zugrundeliegende Hunger kann ohne wahren Glauben nicht gestillt werden. Unsere Sendung mag nicht leicht sein, und wir werden uns wahrscheinlich damit nicht beliebt machen, doch eines ist sicher: Unsere Sendung ist relevant!

Wer etwas zu ahnen beginnt von dem Abgrund zwischen göttlichem kabod und menschlicher Unzulänglichkeit, zwischen Gottes Heiligkeit und unserer Sündhaftigkeit und wer dann einigermaßen begreift, daß dieser Abgrund unsererseits nicht überbrückbar ist, wird etwas spüren, was schwer zu benennen und doch außerordentlich wichtig ist. Jesaja sagte: »Weh mir, ich bin verloren« (6,5), und Petrus rief aus: »Herr, geh weg von mir; ich bin ein Sünder« (Lk

5,8). Das Wort »Ehrfurcht« ist gewiß zu schwach. Mit dem Wort »Gottesfurcht« können die meisten weder verstandes- noch gefühlsmäßig viel anfangen, obwohl es von der Tradition her der angemessene Ausdruck ist. Das Wort Furcht wäre möglich, hat aber in der Schrift zwei klar zu unterscheidende Bedeutungen. Doch gerade diese Unterscheidung kann uns weiterhelfen auf der Spur zu dem Unsagbaren, zur religiösen Erfahrung des *fascinosum et tremendum* (des Faszinierenden und Erschütternden).

# SECHZEHNTES KAPITEL

# Zwei Arten von Furcht

## Furcht als Angst

Wir kennen zunächst die Furcht im Sinne von Angst. Davon will Gottes Wort uns immer befreien. Man sagt, daß im Alten Testament 365mal der Aufruf steht: »Fürchte dich nicht.« *Ein* Beispiel von den vielen des Alten Testamentes sei erwähnt: »Fürchte dich nicht, denn ich bin mit dir; hab keine Angst, denn ich bin dein Gott« (Jes 41,10). Im Neuen Testament kommen uns sofort Texte von Johannes und Paulus in den Sinn: »Furcht gibt es in der Liebe nicht, sondern die vollkommene Liebe vertreibt die Furcht« (Joh 4,18). »Ihr habt nicht einen Geist empfangen, der euch zu Sklaven macht, so daß ihr euch immer noch fürchten müßtet, sondern ihr habt den Geist empfangen, der euch zu Kindern macht, den Geist, in dem wir rufen: Abba, Vater!« (Röm 8,15).

## Furcht als etwas Gutes

Es gibt aber auch eine Furcht, die in der Schrift hochgepriesen wird, als Anfang und Fülle der Weisheit, als Quelle der Freude, des Frohsinns und eines langen Lebens (vgl. Sir 1,11–20). Sie ist die Pforte zu Gottes Gnade (vgl. Jdt 16,15). Sie ist das Einzige, das Gott von einem Menschen fordert: »Und nun, Israel, was fordert der Herr, dein Gott, von dir außer dem einen: daß du den Herrn, deinen Gott, fürchtest, indem du auf allen seinen Wegen gehst, ihn liebst und dem Herrn, deinem Gott, mit ganzem Herzen und mit ganzer Seele dienst; daß du ihn fürchtest, indem du auf die Gebote des Herrn und seine Gesetze achtest, auf die ich dich heute verpflichte. Dann wird es dir gut gehen« (Dtn 10,12f). »Hast du alles gehört, so lautet der Schluß: Fürchte Gott und achte auf seine Gebote« (Koh 12,13). Man kann sogar berechtigterweise die Zehn Gebote unter dem Stichwort Furcht – oder in diesem Kontext auch: tiefe Ehrfurcht zusammenfassen: Ehrfurcht – vor Gott und seinem Geheimnis; vor dem Namen und dem Tag des Herrn; vor den Eltern und dem Leben; vor der Ehe und der Sexualität, vor dem Eigentum, vor Recht und Wahrheit.

Jesus weckt auch immer wieder diese Furcht, und offensichtlich wird sie als etwas Gutes gewertet. Auch hier nur ein Beispiel von vielen: Nach der Auferweckung des jungen Mannes aus Nain »wurden alle von Furcht ergriffen; sie priesen Gott und sagten: Ein großer Prophet ist unter uns aufgetreten: Gott hat sich seines Volkes angenommen« (Lk 7,16).

Diese zweite Furcht ist sicher grundverschieden von der Angst. Sie ist auch mehr als ein Staunen oder ein Schauder. Sie ist eher ein inneres Ergriffensein von der Heiligkeit und Herrlichkeit Gottes, die ein entschiedenes Verlangen einschließt, dementsprechend zu leben. Das drückt sich schon in der Körpersprache aus: die Schuhe ausziehen, eine tiefe Verneigung machen, das Gesicht verhüllen, sich zu Boden werfen, ihm mit Beben die Füße küssen (Ps 2,11) und ähnliches. Es geht aber noch weit darüber hinaus: Das ganze Leben steht im Dienst Gottes; die Erfüllung der Gebote Gottes wird mit ganzem Herzen und ganzer Seele angestrebt.

Die positive Furcht, in der Schrift meistens mit Gottesfurcht oder Furcht des Herrn übersetzt, schließt zugleich Distanz und Vertrautheit ein: Sie ist demütige Scheu und liebendes Vertrauen in einem. Gott ist unfaßbares Geheimnis und zugleich vertrauter Freund. Wir loben ihn und dienen ihm, aber wir hadern auch mit ihm und bringen unsere Klage und sogar Anklage vor ihn. Ijob und Jona sind klassische Beispiele für diese Freimütigkeit. In vielen Psalmen ist Gott ein vertrauter Freund, den man selbstverständlich duzt, und doch bleibt stets die Gottesfurcht gewahrt; ohne sie könnte man auch nicht mehr von einem echten Umgang mit Gott sprechen.

Im Talmud gibt es einen inhaltsschweren Ausspruch von Rabbi Chanina: »Alles ist der Macht des Himmels unterworfen, nur die Furcht Gottes nicht.« Es steht dem Menschen frei, wie er sich Gott gegenüber verhalten will; das entscheidende Element bleibt aber immer seine Furcht vor dem Allheiligen, das heißt, daß der Mensch die Göttlichkeit Gottes mit seinem ganzen Wesen anerkennt. Das ist das Letzte der menschlichen Freiheit. Wer diese Freiheit auch nur ein wenig auslotet, dem verschlägt es den Atem: daß wir nämlich frei sind, den anzuerkennen oder abzulehnen, der uns so unendlich liebt, dem wir unser ganzes Sein verdanken. Damit verglichen sind alle anderen Formen der Freiheit völlig bedeutungslos. Rabbi Chanina läßt auch anklingen, daß der ganze Himmel dem nicht widerstehen kann, der Gott aufrichtig fürchtet.

Es ist ein wirkliches Paradox, daß die Gottesfurcht den Menschen von ängstlicher Furcht befreit. Wer in heiliger Scheu vor der erhabenen Macht Gottes lebt, kann die Gegenkräfte relativieren. Zacharias hat das nach der Geburt seines Sohnes Johannes prophetisch vorausgesagt: »Gott hat uns geschenkt, daß wir, aus Feindeshand befreit, ihm furchtlos dienen in Heiligkeit und Gerechtigkeit vor seinem Angesicht all unsere Tage« (Lk 1,74f). Angst zu überwinden gelingt im Grunde nur aus der Gottesfurcht heraus. Das ist vielleicht ihr größtes Geschenk.

### Nur vom Rücken her

Im Buch Exodus wird uns von einer ungewöhnlichen kabod-Erfahrung berichtet (Ex 33, 12–23). Im Hinblick auf diese Perikope notierte der bekannte Tübinger Alttestamentler Fridolin Stier († 1981) in seinen Tagebuchaufzeichnungen einmal seinen sehnlichsten Wunsch:

Eine der grandiosesten Szenen des Alten Testamentes, Ex 33,17–23, einmal nach Erledigung der fachüblichen Prozeduren (Text, Form, Tradition, Intention ...) so kommentieren, daß – endlich! – die Sache zur Sprache käme, nämlich des Mose, eines Menschen Begehr, die ›Herrlichkeit‹ – das ›Angesicht‹ Gottes – zu schauen. D.h.: das dialogische Commercium, Schutz- und Führungszusage tun Mose nicht mehr Genüge, ihn verlangt es nach der vollen Erfahrung, nach der unmittelbaren Wahrnahme der Wirklichkeit Gottes ... Es bleibt ihm versagt; er wird in die Felsenkluft versetzt, Gott legt ihm seine Hand über die Augen während des Vorübergangs seiner ›Herrlich-keit‹, ›und dann ziehe ich meine Hand weg und du schaust meinen Rücken, mein Angesicht aber ist nicht zu schauen.‹ Und das ist das Höchste, das Äußerste, das Letzte, das aller Theologie, aller Philosophie wie auch al-ler aus ihrer innersten Intention verstandener Wissen-schaft zu sehen vergönnt ist: die ›Rückseite‹ (Gottes) – vorausgesetzt, daß sie begehren, das ›Angesicht‹ zu schauen. [1]

Mose tut sich sehr schwer mit seinem Auftrag, vor den Pha-rao zu treten und das auserwählte Volk aus dessen Macht zu befreien. Immer wieder findet er Ausreden, um sich dieser beängstigenden Sendung zu entziehen. Gott verspricht ihm dann: »Mein Angesicht wird mitgehen, bis ich dir Ruhe ver-schafft habe.« Darauf bringt Mose die kühne Bitte vor: »Laß mich doch deine Herrlichkeit sehen«, um so eine Be-stätigung zu haben, daß Gott wirklich mit ihm und seinem Volk ist. Der Text berichtet dann Gottes Antwort:

Ich will meine ganze Schönheit vor dir vorüberziehen lassen und den Namen des Herrn vor dir ausrufen. Ich gewähre Gnade, wem ich will, und ich schenke Erbar-men, wem ich will. Weiter sprach er: Du kannst mein An-gesicht nicht sehen; denn kein Mensch kann mich sehen und am Leben bleiben. Dann sprach der Herr: Hier, diese Stelle da! Stell dich an diesen Felsen! Wenn meine Herr-lichkeit vorüberzieht, stelle ich dich in den Felsspalt und halte meine Hand über dich, bis ich vorüber bin. Dann ziehe ich meine Hand zurück, und du wirst meinen Rücken sehen. Mein Angesicht aber kann niemand sehen (Ex 33, 19–23).

Dieser Abschnitt aus dem Buch Exodus bringt lebendig zum Ausdruck, was jeder Gottsucher erfährt, ob er es in

Worte zu fassen vermag oder nicht: Ihn verlangt nach dem Angesicht Gottes. Es genügt ihm nicht, Gott vom Hörensagen zu kennen. Es schmerzt ihn, daß Gott sich in seinem Wort und in seinem Namen immer mehr verbirgt als offenbart. Die Dunkelheit des Gebetes liegt schwer auf ihm. Ihn verlangt nach nichts Geringerem als dem Angesicht Gottes, nach der Herrlichkeit des Allheiligen. Und eben dieses Verlangen kann hier auf Erden nicht erfüllt werden: niemals sehen wir mehr als Gottes Rücken. Die unterschwellige, immerwährende und unstillbare Sehnsucht, Gott unverhüllt zu sehen, bleibt ein Stachel im Fleisch.

Das Urverlangen des Menschen reicht über seine Möglichkeiten hinaus. »In allem ist etwas zu wenig« (Ingeborg Bachmann). Es ist die Kunst des geistlichen Lebens, mit diesem ungestillten Hunger und Durst zu leben, ohne aufzugeben, ohne in einen Ersatz zu entrinnen. Es bleibt eine Gratwanderung. Die Versuchung liegt nahe, die Leere zu füllen mit Besitz und Genuß, Aktivitäten und Beziehungen, mit Worten oder Gedanken, gegebenenfalls auch über Gott.

Wenn der kabod vorüberzieht, ist der Mensch in der dunklen Felsspalte von Gottes Hand bedeckt und sieht überhaupt nichts. Erst im nachhinein entdeckt er, daß Gott ihm gerade da am nächsten war. So ist das Leben mit Gott. Im härtesten Abschnitt unseres Lebensweges zeigt sich nur *eine* Fußspur im Sand, und wir fragen uns, wo die andere geblieben ist. In großem Leid scheint Gott fern zu sein, und wir fühlen uns von ihm verlassen. Vielleicht kommt es uns erst Jahre später zum Bewußtsein, wie nahe Gott uns in Wirklichkeit war und wie fruchtbar diese Zeit gewesen ist. Eine kontemplative Ordensfrau erzählte mir einmal, wie einige schlichte Verszeilen ihr in einer Zeit der Krise Halt gegeben haben: »Und eine Stunde kommt, da wird uns klar, daß, was uns einst verwirrte, stilles Reifen war. Und dankbar unser Herz ermißt, daß alles, alles Gnade ist.« Genauso hat es die kleine Therese von Lisieux erfahren, als sie gegen Ende ihres Lebens ständig wiederholte: *tout est grâce,* alles ist Gnade. Sehr nüchtern bemerkte Sören Kierkegaard: »Das Leben kann nur rückblickend verstanden werden, muß aber vorausschauend gelebt werden.«

# SIEBZEHNTES KAPITEL

# Mit den Augen des Glaubens

Der Mensch kann den Rücken Gottes in der Schöpfung sehen, wenn er gelernt hat, mit den Augen des Glaubens zu
schauen. Denn »von seiner Herrlichkeit ist die ganze Erde
erfüllt« (Jes 6,3). Wir singen es noch immer im Sanctus unserer Eucharistiefeiern! »Die Himmel rühmen die Herrlichkeit Gottes, vom Werk seiner Hände kündet das Firma-
ment« (Ps 19,2). Das geschieht ohne Worte und ohne Reden, und doch geht diese Botschaft in die ganze Welt hinaus
(V. 4f). »Gottes Gerechtigkeit verkünden die Himmel, seine
Herrlichkeit schauen alle Völker« (Ps 97,6). »Ja, das Land
wird erfüllt sein von der Erkenntnis der Herrlichkeit des
Herrn, so wie das Meer mit Wasser gefüllt ist« (Hab 2,14
vgl. Jes 11,9).
Der russische Pilger, der sich in der Mitte des vorigen Jahr-
hunderts mit großem Eifer dem Jesusgebet widmete, beschreibt etwas von dieser Erfahrung: »Wenn ich hierbei mit
dem Herzen zu beten begann, so stellte sich mir die ganze
Umgebung in entzückender Gestalt dar: die Bäume, die
Gräser, die Vögel, die Erde, die Luft, das Licht, alles schien
gleichsam zu mir zu sprechen, daß es für den Menschen da
wäre, die Liebe Gottes zum Menschen bezeuge; und alles
betete, alles war voller Lobpreisungen Gottes. Und da verstand ich, was in der ›Tugendliebe‹ mit dem Wort gemeint
ist: ›Die Sprache der Kreatur verstehen‹.«[1]
Es ist wichtig, die Natur und die Welt so zu verstehen. Denn
wenn wir die göttliche Herrlichkeit nicht auf unserer Erde
zu entdecken lernen, verbannen wir Gott ins Jenseits, und
die Welt verliert ihre Mitte. Wir selber bringen dann Gott in
eine Distanz, die weder Ihm noch der irdischen Wirklichkeit gerecht wird. So verflachen, ja banalisieren wir die
Schöpfung. Sie verliert ihre Symbolkraft, ihre Transparenz,
ihren, wenn man so sagen darf, sakramentalen Charakter:

Zeichen des göttlichen kabod und Gestalt der Selbstoffenbarung Gottes zu sein. »Wir könnten sagen, daß das große Mysterium des Christentums nicht eigentlich das Erscheinen, sondern die Transparenz Gottes im Weltall ist. Kurz gesagt, Gott wird nicht in besonderen Visionen erkannt, sondern er strahlt gleich gerütteltem Flitter durch alles Geschaffene auf und läßt sich von allen mit den Augen des Glaubens schauen.«[2]

Wenn wir diese Glaubensschau außer acht lassen, beschwören wir einen Bruch zwischen Gott und der Welt herauf. Wir isolieren Gott, als ob der Höchste grundsätzlich nichts gemein hätte mit der Welt und unberührt bliebe von dem, was in ihr geschieht. Aus dem gleichen Grund entweihen wir die Erde, als ob Ökologie, Abrüstung, Entwicklungshilfe, Schuldenkrise der Dritten Welt usw. nichts mit Gott zu tun hätten. All diese Probleme sind von größter Wichtigkeit für die kommenden Generationen; keines von ihnen kann aber nur mit politischen oder ethischen Mitteln behoben werden. Die Lösung müssen wir tiefer ansetzen. Was wir brauchen, ist eine heilige Ehrfurcht, die in der uns von Gott anvertrauten Schöpfung seine unfaßbare Herrlichkeit erkennt. Ein deutliches Gespür für den kabod wäre ein äußerst kostbares, zeitgemäßes Geschenk für die heutige und zukünftige Menschheit. Es würde in unserem Umgang mit der Natur und mit allem, was lebt, die dringend benötigte Wende bringen. Die ökologische Bewegung kann keinen Erfolg zeitigen, wenn sie nicht von einer starken Spiritualität getragen wird.

Wenn Gottes Herrlichkeit in der Natur wahrnehmbar ist, dann wohl am deutlichsten in der Krone der Schöpfung, im Menschen. Sehr alt und sehr bekannt sind die kühnen Worte des Bischofs Irenäus von Lyon († 202): »Die Herrlichkeit Gottes ist der lebendige Mensch.« Nicht immer wird die zweite Satzhälfte hinzugefügt: »Das Leben des Menschen ist die Gottesschau.« Und nur selten wird der Kontext erwähnt: »Die Herrlichkeit Gottes verleiht Leben. Die Gott schauen, erhalten Anteil am Leben.«[3] Die lebensbejahenden Gedanken des hl. Irenäus stützen sich auf den Anfang der Schrift: »Gott sprach: Laßt uns den Menschen machen als

124

unser Abbild, uns ähnlich ... Gott schuf also den Menschen als sein Abbild; als Abbild Gottes schuf er ihn« (Gen 1,26f). Die Liturgie der Ostkirche nimmt diesen Text ernst und läßt den Gläubigen in angemessenem christlichen Selbstbewußtsein singen: »Ich bleibe das Bild deiner unaussprechlichen Herrlichkeit, sogar wenn ich entstellt bin durch die Sünde.«

## Quelle der Erfüllung

Der kabod liegt der Frohbotschaft zugrunde. Aus Gottes Herrlichkeit entspringt die Größe des Menschen und aus der Barmherzigkeit des Herrn die neue Schöpfung (2 Kor 5,17). Wer von der unerreichbaren Herrlichkeit Gottes betroffen ist, wird auch vor der Würde des Menschen Ehrfurcht haben. Aus einem lebendigen Glauben an Gott ergibt sich ein entsprechendes Verhältnis zur Welt und vor allem zu den Mitmenschen. Ehrfurcht ist die Haltung, in der man das wahrnimmt, wofür der Ehrfurchtslose blind ist: das Geheimnis der Menschen und Dinge.

In dem kleinen, uns erhaltenen Teil seines geistlichen Tagebuches spricht Ignatius von Loyola oft von einer ehrfurchtsvollen Ergriffenheit. So notiert er z.B. am 14. März 1544: »In allen diesen Zeiten, vor, während und nach der Messe, war ein Gedanke in mir, der mich innen in der Seele durchdrang: mit wie großer Ehrfurcht und Ehrerbietung ich, wenn ich zur Messe gehe, den Namen Gottes unseres Herrn aussprechen und nicht Tränen, sondern diese Ehrfurcht suchen müßte; ja, ich übte mich immer wieder in dieser Ehrerbietung ...« In den nächsten vierzehn Tagen wird in den kurzen Aufzeichnungen die Ehrerbietung fast täglich erwähnt. Am Sonntag, dem 30. März, schreibt Ignatius zunächst: »In diesem Zeitabschnitt schien mir, die Demut, Ehrfurcht und Ehrerbietung sollte nicht furchtsam, sondern liebevoll sein, und dies setzte sich so in meinem Gemüt fest, daß ich immer wieder sagte: ›Gib mir doch liebevolle Demut!‹« Im Laufe des Tages breitete sich diese liebevolle Demut auch auf die Geschöpfe aus: »Danach erfreute ich mich tagsüber sehr, sooft ich mich daran erinnerte. Mir schien, daß es dabei nicht stehenbleiben würde, sondern daß das gleiche danach auch gegenüber den Geschöpfen sein werde, nämlich liebevolle Demut usw.«[4] Sie wird für Ignatius zu einer Lebenshaltung, die er in den Konstitutionen auch wiederholt von seinen Söhnen verlangt, z.B.: »Den Schöpfer soll man in allen Geschöpfen lieben und alle in ihm, wie es seinem heiligsten und göttlichen Willen entspricht.«[5]

Seine Mitbrüder zeichneten Ignatius als einen Mann der großen Ehrfurcht. In dieser Grundhaltung vermochte er Schöpfer und Geschöpfe wie in einem Blick zu sehen. In der Aktivität war er kontemplativ, weil er Gott in allem fand. Die Ehrfurcht ist die konkrete Gestalt dieser Einheit mit Gott. Sie ist die einzige Haltung, in der man dem Geheimnis, das die Wirklichkeit in sich trägt, begegnen kann, d.h., daß man nur in Ehrfurcht den Menschen und Dingen wirklich gerecht zu werden vermag. Die erste Forderung unserer Zeit ist nicht Beherrschung der Schöpfung, sondern Ehrfurcht vor ihr. Das war das Gebot der Schrift von Anfang an. »Die Ehrfurcht ist das Größte auf Erden; denn sie ist der Kern der Liebe« (Herman Schell). Ob Liebe echt ist, beweist die Ehrfurcht. Wo die Ehrfurcht fehlt, fehlt auch die Liebe, ganz gleich was der äußere Schein sagt. Die chassidische Tradition kennt das bedeutungsvolle Wort: »Ehrfurcht ohne Liebe ist eine Unvollkommenheit; Liebe ohne Ehrfurcht ist gar nichts.« Goethe sagt es zurückhaltender: »Eines bringt niemand mit auf die Welt, und doch ist es das, worauf alles ankommt, damit der Mensch nach allen Seiten ein Mensch sei: die Ehrfurcht.«

In der sehr alten Regel des hl. Benedikt († 547) findet sich eine enge Verbindung zwischen dem Ergriffensein von der Erhabenheit Gottes und der liebevollen Ehrfurcht vor den Menschen. Als Beispiel sei der erstaunliche Satz zitiert: »In aller Freundlichkeit, wie sie ihm die Gottesfurcht eingibt«, helfe der Pförtner den Besuchern (66,4). »Alle Demut soll dem Gast bei Ankunft und Abschied erwiesen werden. Durch eine Verneigung des Hauptes oder ein Sichniederstrecken soll Christus angebetet werden, denn er ist es, der

126

in den Besuchern willkommen geheißen wird« (53,6–7). Das Evangelium lehrt uns, auch mit den geringsten Brüdern und Schwestern auf diese Weise umzugehen; denn in ihnen begegnen wir dem Herrn (Mt 25, 40.45). Das Geheimnis der Menschwerdung ist weit umfassender, als wir gewöhnlich denken.

## Schutz und Schirm

Der kabod wird als eine Wirklichkeit beschrieben, die erschauern läßt; der Mensch kann ihn nicht sehen, ohne das Leben zu verlieren. Und doch ist dieser kabod zugleich Schutz und Schirm für das menschliche Leben. Wer sich der Herrlichkeit Gottes widersetzt, stellt sich einer übermächtigen Kraft entgegen. Wer sich aber dem kabod anvertraut, erfährt, daß diese Macht ganz im Dienst der Liebe und Treue Gottes steht oder, besser noch, eins ist mit der Liebe und Treue Gottes. Für den treuen Rest Israels »liegt über allem als Schutz und Schirm die Herrlichkeit des Herrn; sie spendet bei Tag Schatten vor der Hitze und ist Zuflucht und Obdach bei Unwetter und Regen« (Jes 4,5f).
Die ins babylonische Exil weggeführten Frommen tröstet der Prophet Baruch mit dem wiederholten Hinweis auf den kabod:

Leg ab, Jerusalem, das Kleid deiner Trauer und deines Elends und bekleide dich mit dem Schmuck der Herrlichkeit, die Gott dir für immer verleiht. Leg den Mantel der göttlichen Gerechtigkeit an; setz dir die Krone der Herrlichkeit des Ewigen aufs Haupt! ...

Gott gibt dir für immer den Namen: Friede der Gerechtigkeit und Herrlichkeit der Gottesfurcht...

Denn Gott hat befohlen: Senken sollen sich alle hohen Berge und die ewigen Hügel, und heben sollen sich die Täler zu ebenem Land, so daß Israel unter der Herrlichkeit Gottes sicher dahinziehen kann (Bar 5,1–7).

Die größten Gefahren für den Menschen sind nicht der mit den Schätzen der Natur getriebene Raubbau, die immer mehr fortschreitende Zerstörung der Umwelt, die drohende Nuklearkatastrophe oder die Genmanipulation. Sicher sind das Gefährdungen planetarischen Ausmaßes, die wir nicht ernst genug nehmen können. Und doch berühren sie nicht das Letzte und Tiefste in unserem Menschsein. Paulus spricht über die Möglichkeit, die Herrlichkeit Gottes zu verlieren. Das erst würde den innersten Kern unserer Existenz zerstören, den tiefsten Grund unseres Seins verwüsten. Es würde die bergende Gegenwart des göttlichen kabod in sein Gegenteil umkehren. Es ist das Nein, das das wahre Leben erstickt.

Der von seiner Quelle abgeschnittene Fluß versiegt. Das geschieht in der Sünde, wenn wir die Worte des hl. Paulus in ihrem tiefen existentiellen Sinn verstehen. Im Brief an die Römer sagt er: »Alle haben gesündigt und die Herrlichkeit Gottes verloren« (3,23). Es muß jedoch hinzugefügt werden, daß er diese Aussage in dem Teil seines Briefes macht, der über die vollkommen unverdiente Barmherzigkeit und Gnade Gottes handelt. Die Größe der Vergebung entspricht der Tiefe des Sturzes.

# ACHTZEHNTES KAPITEL

# Der ganz Andere

Es ist herausfordernd, sich auf Gottes Herrlichkeit einzulassen. Es erhebt uns und beschämt uns gleichzeitig. Besonders in seiner Herrlichkeit ist Gott »der ganz Andere«, und wir tun uns leichter mit der Ähnlichkeit zwischen Gott und uns als mit der Unähnlichkeit. Karl Rahner hat aus Anlaß seines 80. Geburtstages in seiner Heimatstadt Freiburg im Breisgau einen Vortrag gehalten, der sich im nachhinein als seine letzte große Ansprache herausstellte.[1] Der Titel lautete: »Erfahrungen eines katholischen Theologen.« Die ehrfürchtige Haltung der Anbetung vor dem unverfügbaren Geheimnis Gottes, die so viele seiner Schriften durchzieht, wurde hier noch einmal ausdrücklich thematisiert.

Die erste Erfahrung, von der Rahner sprach, stieß sogleich tief in die Glaubenslehre und Glaubenspraxis vor. Auf irgendeiner Seite – so Rahner sinngemäß – wird in jedem theologischen Handbuch ausdrücklich gesagt, daß unser Sprechen über Gott immer analog ist, daß also die Ungleichheit zwischen unseren Worten und der göttlichen Wirklichkeit immer größer ist als die ausgesagte Gleichheit. Aber meistens wird diese wichtige Wahrheit im weiteren Verlauf unserer Ausführungen über Gott mehr und mehr vergessen. Eigentlich muß jede wahre und berechtigte Aussage über das Göttliche in einem gewissen Sinn stets zugleich zurückgenommen werden, weil die bloße Anwendung eines Begriffes auf die göttliche Wirklichkeit, allein und ohne gleichzeitige Rücknahme, ohne diese seltsame und unheimliche Schwebe zwischen Ja und Nein, das wirklich Göttliche verkennen würde und letztlich irrtümlich wäre. Das macht tatsächlich all unser Reden und Denken über Gott sehr mühsam. Wir müssen uns immer der radikalen Unangemessenheit unserer Aussagen bewußt sein und dieses Ungenügen bekennen, damit der Hörer oder Sprecher nicht vergißt, daß Gott »in unzugänglichem Licht wohnt« (1 Tim 6,16).

Alle unsere Worte müssen wir stets »in die schweigende Unbegreiflichkeit Gottes selbst hineinfallen lassen«. Hier hat die große Versuchung, sich Gott handlich zu halten, leichtes Spiel. Dem kabod gegenüber den rechten Platz einzunehmen, fordert vom Menschen in der Tat eine Zurückhaltung, die wir meistens nicht lange durchhalten. Wie leicht geschieht es, daß wir über Gott wie von einem Bekannten sprechen oder denken, fast so wie über ein Objekt! Wie leicht reden wir über den Willen Gottes, als ob wir ihn klar durchschauten!

Wie viele theologische oder auch kirchenpolitische Diskussionen entarten beinahe in eine Ideologie, weil unser Nicht-Wissen vergessen oder überspielt wird. Wir maßen uns sogar an, über Gottes Absichten etwas zu behaupten, »weil wir uns das anders gar nicht vorstellen können«. Was können wir denn überhaupt von Gott wissen? Vergessen wir da nicht wieder, daß unsere Vorstellungen unendlich weit zurückbleiben hinter der unvorstellbaren Erhabenheit Gottes? »Wie sehr klingen unsere Aussagen von den Kathedern und auch von den Kanzeln und aus den geheiligten Dikasterien der Kirche so, daß man nicht gerade deutlich merkt, sie seien durchzittert von der letzten kreatürlichen Bescheidenheit, die weiß, wie man wirklich allein von Gott reden kann, die weiß, daß alles Reden nur der letzte Augenblick vor jenem seligen Verstummen sein kann, das auch noch die Himmel der klaren Schau Gottes von Angesicht zu Angesicht füllt.« Karl Rahner hat, als er das sagte, wohl nicht gewußt, wie nahe er in dieser Stunde selbst vor diesem letzten Augenblick stand. Oder hat er doch mehr geahnt, als wir meinen?

Ohne Zweifel gibt es ein Schweigen über Gott und ein Ausweichen vor Gott, das oberflächlich ist und aus einem Mangel an religiöser Ergriffenheit herrührt. Dieses Schweigen ist selbstverständlich grundverschieden von der heiligen Scheu des von Gottes kabod getroffenen Menschen. Es fordert viel selbstlose Askese, um immer wieder unsere Vorstellung von Gott korrigieren zu lassen. Das ist ein schmerzliches Loslassen, denn der wahre Gott entspricht keineswegs unseren Vorstellungen, sondern bleibt immer undurchschaubar und oft genug sogar schwindelerregend. »Meine Gedanken sind nicht eure Gedanken, und eure Wege sind nicht meine Wege – Spruch des Herrn. So hoch der Himmel über der Erde ist, so hoch erhaben sind meine Wege über eure Wege und meine Gedanken über eure Gedanken« (Jes 55,8f).

## Der Unfaßbare

Gott Gott sein lassen heißt das Mysterium Gott akzeptieren und deshalb in Staunen und Verfügbarkeit zu leben versuchen. Sicher ist, daß Gott Liebe ist, daß er uns ständig ins Dasein liebt, daß er uns bedingungslos annimmt, wie wir sind, und daß er unser Leben zu reichster Entfaltung und Fruchtbarkeit führen will. Aber was das konkret bedeutet und welche Gestalt er seiner übergroßen Liebe zu uns gibt, können wir nicht im voraus, sondern erst im nachhinein erkennen. Das Geheimnis Gottes ist voller Überraschungen, und nur wer sich mit wahrhaft offenen Händen und offenem Herzen darauf einläßt, kann als Glaubender leben. Auch die Menschwerdung des Wortes hat das Geheimnis Gottes nicht vermindert, sondern vielmehr verdichtet. Jesus kann uns die radikale Offenheit in keiner Weise ersparen. Von seinen Jüngern fordert er eine uneingeschränkte Bereitschaft, ihr Schicksal und ihre Zukunft für das Reich Gottes einzusetzen. »Die Füchse haben ihre Höhlen und die Vögel ihre Nester; der Menschensohn aber hat keinen Ort, wohin er sein Haupt legen kann« (Lk 9,58), antwortet Jesus dem, der ihm folgen will, wohin er auch geht. Fuchsbau und Vogelnest sind offensichtlich Symbole für Sicherheit und Behagen, worauf das Sinnen und Trachten des Menschen ja immer wieder abzielt (Heinrich Spaemann[2]). Jesus hat sie aufgegeben und fordert diesen Verzicht auch von seinen Jüngern. Das einzige Zuhause Jesu ist der Vater und dessen Wille. Für die Herrschaft und die Herrlichkeit des Vaters muß alles hingegeben werden. Gerade in der Radikalität dieses Aufrufs zeigt sich Jesus als der, der den Vater kennt (Lk 10,22) und der in seiner vollkommenen Vertrautheit mit dem Vater nie den göttlichen kabod aus dem Auge verliert.

Der leidgeprüfte Künstler Ernst Barlach († 1938) sagte einmal: »Ich habe keinen Gott.« Wer ihn aufgrund dieser Aussage für einen Atheisten hält, wird vom nächsten Satz eines Besseren belehrt: »Aber Er sei gepriesen, daß es an Ihm ist, wie es ist. Ich habe keinen Gott, sondern Gott hat mich.« Der oben im 16. Kapitel schon zitierte Alttestamentler Fridolin Stier notierte in seinen Aufzeichnungen folgendes fingierte Gespräch:

> Als der Kardinal-Inquisitor mich fragte, ob ich an Gott glaube, antwortete ich: Nein, an Ihren Gott glaube ich nicht. Als der Atheist mich fragte, ob ich an Gott glaube, antwortete ich abermals: Nein, an den Gott, den Sie leugnen, glaube ich nicht. Hätte ich die Frage des Kardinals wie die des Atheisten bejaht, so hätte ich mich beiden gegenüber der Unwahrhaftigkeit schuldig gemacht; ich hätte sie fahrlässig getäuscht; denn jeder hätte *den* Gott, an den zu glauben *ich* bejahe, mit dem seinen (ob geglaubten oder geleugneten) identifiziert. Also glauben Sie doch an einen Gott, erwiderten mir Kardinal und Atheist wie aus einem Munde. An GOTT!, wenn ich bitten darf, nicht an »einen«, wie Sie es tun. Nicht an »einen«, nicht an »meinen«, nicht an diesen noch an jenen; denn das alles sind Götter. GOTT liegt im Streit mit den Göttern und mit uns, die deren Bilder verehren oder zerstören, und insofern ist Gott der militanteste »Atheist«. Der Inquisitor verurteilte mich wegen Blasphemie, der Atheist schmähte und nannte mich einen Filou.[3]

Vielleicht kann man so Meister Eckhart verstehen, wenn er sagt: »Ich bitte Gott, daß er mich von Gott befreie.«

## Gott nicht instrumentalisieren

Im Dekalog verbietet Gott dem Menschen, den Namen des Herrn, seines Gottes, zu mißbrauchen (Ex 20,7). Das heißt wohl auch: »Du sollst mich nicht sagen lassen, was dir paßt.« Wir dürfen nicht Gott und die Religion dazu benutzen, eigene Interessen, wie fromm sie auch aussehen mögen, zu stützen. Gott ist nicht das Ergebnis unserer Wünsche und Bedürfnisse. Gott ist nicht für die Welt da, sondern die Welt und vor allem die Menschen sind für Gott da. Zitieren wir noch einmal den unmißverständlichen Satz, mit dem Ignatius seine Geistlichen Übungen beginnt: »Der Mensch ist geschaffen, um Gott, unseren Herrn, zu loben, ihm Ehrfurcht zu erweisen und zu dienen und so seine Seele zu retten« (EB 23).

Ohne jeden Zweifel ist der Dienst Gottes der beste Weg, um den Menschen zur Entfaltung zu bringen, sowohl im Diesseits wie im Jenseits. Damit wird Gott aber nicht zu einem Instrument für die Selbstverwirklichung des Menschen gemacht. Die Selbstverwirklichung des Menschen auf der Erde und im Himmel ist im Gegenteil eine Frucht seiner Hingabe an Gott. Vielleicht kann man dies mit einer Freundschaft vergleichen, die normalerweise gewisse Vorteile bringt. Wer aber die Freundschaft nur wegen dieser Vorteile anstrebt, gelangt überhaupt nicht zu einer echten Freundschaft, sondern degradiert und entleert sie. Er verkehrt einen kostbaren Wert in eine Banalität und schadet sich selbst damit am meisten.

In ähnlicher Weise (wenn der Vergleich auch hinkt) wäre es eine Perversion des Glaubens, die Herrlichkeit Gottes zu unserem Vorteil (wie erhaben auch immer) zu gebrauchen. Gott ist nicht verwendbar, und der echte Glaube hat das immer sehr wohl gewußt. Man kann Gott nicht degradieren zu einer (preiswerten oder auch kostspieligen) Antwort auf unsere (möglichen und unmöglichen) Bedürfnisse. Er bleibt für uns immer ein gewaltiger Anruf, eine ständige Herausforderung. Gottes Herrlichkeit steht uns nicht zu Diensten. Wer dies meint, läßt Gott auf Menschenmaß schrumpfen. Zugleich macht er den Menschen zur letzten Instanz und überfordert ihn damit. Dadurch verbaut er sich den Zugang zu Glück und Selbstverwirklichung.

Das Kreuz, dem jeder in seinem Leben begegnet, entlarvt diese Selbstherrlichkeit des Menschen. Es ist und bleibt ein Ärgernis und eine Torheit, die wir nicht einordnen können.

Der Versuch, alles in den Griff zu bekommen und das Geheimnis des Göttlichen zu vereinnahmen (und damit als Geheimnis zu leugnen), scheitert spätestens am Kreuz. So wurde umgekehrt am Kreuz die Echtheit der Beziehung Jesu zu seinem Vater offenbar.[4] Und so wird auch jeder von uns den kabod Gottes früher oder später und immer aufs neue als Kreuz erfahren, und daran wird sich die Echtheit unserer Gottesbeziehung erproben. Denn die Herrlichkeit Gottes und die Würde des Menschen sind nun einmal, bei aller Übereinstimmung, grundverschieden. Das schmerzt.

»Liebe besteht in Mitteilung von beiden Seiten« (EB 231), und zwar nicht nur von dem, was man hat oder kann, sondern vor allem auch von dem, was man ist. In der wahren Liebe will man sich selbst schenken und auch das Ich des anderen empfangen. Durch alle Jahrhunderte hindurch ist es immer der große Schmerz der wahrhaft Liebenden, daß sie nicht so eins werden können, wie sie sehnlichst wünschen, und daß der andere immer anders bleibt. Diejenigen, die Gott wahrhaft lieben, kennen dieses Leid auch, sogar noch viel intensiver und schmerzlicher; auch das ist eine jahrhundertelange Erfahrung. Denn Gott ist in unendlich höherem Maß ein ›anderer‹, als jeder Mensch es für uns ist. Die flämische Mystikerin Hadewijch († ca. 1260) klagt: »Ich muß fern bleiben von ihm, dem ich über allem, was ich bin, gehöre und dem ich so gern ganz Liebe sein möchte« (26. Brief). Nach dem süßen Kosten der Vertrautheit mit Gott (oder schon während desselben) kommt der tiefe Schmerz, »wenn die erleuchtete Vernunft uns die Wirklichkeit zeigt und unsere Schuld und Unreife, und daß ein Mensch so klein ist und Gott so groß« (30. Brief).

Religiöse Praktiken und Leistungen können entarten zu einem vielleicht fromm aussehenden Versuch, sich den Zugang zum göttlichen Geheimnis zu erzwingen, also im Grund auch zum Versuch, Gott verfügbar zu machen. Sobald wir jedoch versuchen, Gottes habhaft zu werden, verkrampfen wir und werden ängstlich. Das ist die Gefahr einer Gesetzlichkeit, die nicht in der Liebe zur Erfüllung kommt (vgl. Mt 5,17). Eine solche Gesetzlichkeit schottet ab gegen die nicht vorauszusehenden Überraschungen

Gottes. Im Versuch, Gott einzuengen, schließen wir uns selbst von seiner grenzenlosen Größe aus. Der Pharisäer, wie ihn das Evangelium darstellt, ist der Prototyp des Menschen, der dieser Versuchung erlegen ist. Doch schon der Prophet Sacharja hatte in seiner dritten Vision vor dieser kleingläubigen Enge gewarnt:

> Danach blickte ich hin und sah: Da war ein Mann mit einer Meßschnur in der Hand. Ich fragte: Wohin gehst du? Er antwortete mir: Ich gehe, um Jerusalem auszumessen und zu sehen, wie breit und wie lang es sein wird. Da trat der Engel, der mit mir redete, vor, und ein anderer Engel kam ihm entgegen und sagte zu ihm: Lauf und sag dem jungen Mann dort: Jerusalem wird eine offene Stadt sein wegen der vielen Menschen und Tiere, die darin wohnen. Ich selbst – Spruch des Herrn – werde für die Stadt ringsum eine Mauer von Feuer sein und in ihrem Innern ihr Ruhm und ihre Ehre. (Ich werde mich in ihr herrlich erweisen, JB) (2,5–9).

Jerusalem ist, wie in vielen Prophetien, als ein Bild der Kirche zu verstehen. Sie soll offen sein für alle; nicht exklusiv, sondern inklusiv. Dabei denkt die Schrift vor allem an die Armen, an die Witwen und Waisen, an die Opfer von Unrecht und Unterdrückung. Denn Gott stellt sich immer auf deren Seite. Er wird sich in Jerusalem und in der Kirche als herrlich erweisen, wenn sie sich dieser Armen besonders annehmen.

# Neunzehntes Kapitel

# Der unaussprechliche Name

Am brennenden Dornbusch vertraute Gott Mose die Sendung an, das auserwählte Volk aus der Sklaverei zur Freiheit zu führen. Als Rückhalt und Bürgschaft in dieser schwierigen Aufgabe gibt Gott seinen Namen kund: JHWH. Aber es ist eine Offenbarung, die auch nach Tausenden von Jahren ihr Geheimnis nicht preisgegeben hat und es nie preisgeben wird. Oft hat man übersetzt mit »Ich bin, der ich bin« und damit den Gottesnamen zu einer Seins-Aussage gemacht, die sehr gut paßt in eine Seins-Philosophie. Martin Buber, gemeinsam mit Franz Rosenzweig, übersetzt das Wort mit: »Ich werde dasein, als der ich dasein werde.«[1] Auf jeden Fall bleibt der Name offen, er legt Gott nicht fest. Er ist nicht statisch, sondern entfaltet sich immer neu. Er gibt keine Wesensbestimmung Gottes, sondern sagt seine dynamische Präsenz aus. Inhaltlich bleibt der Name geheimnisvoll; uns wird kein Wie oder Wo oder Wann mitgeteilt. Existentiell aber sagt der Name sehr viel aus: die unbegrenzte Gegenwart und Wirksamkeit, die absolute Zuverlässigkeit. Mose kann sich in seiner Sendung auf diesen Namen verlassen, und auch jeder von uns kann und darf das gleiche tun.

Der geheimnisvolle Name JHWH hält die Nähe und die Ferne in unserer Beziehung zu Gott im Gleichgewicht. Gott ist zugleich der Transzendente, der alle irdische und menschliche Wirklichkeit unendlich übersteigt, und der Immanente, der allem Irdischen und Menschlichen als deren innerstes Geheimnis und tiefster Grund gegenwärtig ist. Die Immanenz ist Gottes innerstes Innewohnen, das unsere Welt erfüllt und beseelt; die Transzendenz überschreitet jedwede Beschränkung auf diese Welt. Uns erscheint dies als gegensätzlich, aber in Wirklichkeit sind es ergänzende Aspekte des Unaussprechlichen.

Wer die Immanenz Gottes zu wenig beachtet, verbannt ihn weit weg aus unserem Leben und macht den Allheiligen zu einem distanzierten Außenseiter, mit dem uns kaum etwas verbindet. Dies kommt einer Verfemung Gottes gleich. Im Extrem macht es die Welt und die Menschheit gottlos. Das hat wiederum einen spürbaren Verlust an Sinngebung und echter Erfüllung unseres Lebens zur Folge.

Wer andererseits Gottes Transzendenz außer acht läßt, beraubt Gott der Größe und Macht und erniedrigt den Allerhöchsten zu einem Jemand nach den Maßen dieser Welt. Zugleich nivelliert er die Welt und nimmt ihr das, was sie übersteigt. Im Extremfall würden Gott und die Welt einander gleichen; die Welt wäre zu einem Götzen geworden, gezeichnet von Fatalismus und Apathie.

Die Erfahrung lehrt immer überzeugender, daß eine Welt, die ihres tiefsten Seinsgrundes beraubt ist, nicht mehr entsprechend in Gang gehalten werden kann. Ist die Welt zum Idol geworden, beutet die Menschheit die Schöpfung so hemmungslos aus, daß sie genau das zu zerstören beginnt, was sie zum Letzten und Höchsten erklärt hat. Die Vergötzung der Welt erstickt sie. In unserer Zeit wird dies mit dem Anwachsen der ökologischen Bewegung einer zunehmenden Zahl von Menschen klar. Die Reaktion auf diese Ausbeutung der Natur ist wichtig, jedoch oft ambivalent. Wenn wir auf der Ebene stehenbleiben, wo Gott und Welt gleichgesetzt werden, kann das Erschrecken über die Umweltzerstörung ins andere Extrem umschlagen, in eine Überbehutsamkeit, die, wenn auch von der anderen Seite her, eine ebensolche Vergötzung darstellt. Es ist ein bemerkenswertes Phänomen, daß diese Überbehutsamkeit gelegentlich blinde Flecken aufweist. Sie kann zuweilen ziemlich inkonsequent sein, wenn man sich z.B. über nicht umweltfreundliche Verpackung empört, sich aber leichthin mit Abtreibung abfindet. Könnte das auf einen Mangel an wahrer Tiefe hinweisen?

Augustinus formuliert in seinen *Bekenntnissen* (III,6,11) in klassischen Worten die Synthese von Transzendenz und Immanenz aus dem Glauben heraus: »Gott ist innerlicher als mein Innerstes und höher als mein Höchstes.« Der Allheilige ist mir näher und treuer, als ich mir selber bin. Der Höchste liebt mich mehr, weit mehr, als ich mich lieben kann. Gott ist mir mehr immanent, als ich es mir selbst bin. Und gerade dieses Mehr an Immanenz ist seine Transzendenz. Diese letztere ist nicht eine Art Unempfindlichkeit dem menschlichen Leid oder der menschlichen Freude gegenüber, sondern ein Einwohnen und eine Intimität, die unsere menschlichen Maße sprengt.

Gott, der Fels der Verläßlichkeit, der uns in unbeirrbarer Treue trägt, darf mit nichts und niemandem verwechselt werden, sondern alles muß auf den Allerhöchsten hin verstanden bleiben. Gott ist »der, ohne den nichts ist« (Peter Knauer).

## Heiligkeit

Die Schrift verbindet mit der immanent-transzendenten Herrlichkeit Gottes eng seine Heiligkeit. Herrlichkeit und Heiligkeit sind Attribute, die nur Gott zukommen. Sie entsprechen Gottes innerstem Wesen. Heiligkeit kann ebenso wie Herrlichkeit nicht allein von der Schöpfung aus verstanden werden; sie bedarf der Offenbarung. Ihr Ursprung liegt eindeutig in Gott allein. Sie gehört zu dem undurchdringbaren Geheimnis, das wir Gott nennen. »Wer kann vor dem Herrn, diesem heiligen Gott, bestehen?« fragen die Bewohner von Bet-Schemech, als die Bundeslade, das Zeichen der Gegenwart Gottes, aus dem Philisterland in ihre Stadt kam (1 Sam 6,20). Gottes Herrlichkeit und Heiligkeit sind für die Menschen eine Zumutung und eine Herausforderung. Sie rufen uns auf: »Seid heilig, denn ich, der Herr, euer Gott, bin heilig« (Lev 19,2); aber eigentlich ist es Gott selbst, der die Menschen heiligt: »Ich bin der Herr, der euch heiligt« (Lev 20,8). Gott selbst ist der Quell aller Heiligkeit, wie das Zweite Eucharistische Hochgebet sagt. Keiner kann Sünden vergeben, außer dem einen Gott (vgl. Mk 2,7). Ohne diese Vergebung gibt es keinen Zugang zur Heiligkeit.

Wie die Herrlichkeit, so bricht auch die Heiligkeit aus ihrer eigenen Dynamik ein in den menschlichen Bereich: als Vergebungsangebot für unsere Sündigkeit, doch zunächst als Aufdeckung unserer Schuld. Solange der Mensch den Blick auf seine eigene Welt beschränkt, kann er sich noch etwas vormachen. Die Heiligkeit des Ganz-Anderen aber entlarvt unseren Schein und unsere Scheinheiligkeit. Sie erforscht Herz und Sinn. Der Gott, den Jesus Abba nennt und zu dem er uns führt, ist kein gutmütiger Opa oder leutseliger Chef, er ist kein Gott nach unserem Geschmack. In all seiner vorbehaltlosen Liebe und in seinem Erbarmen ist dieser Abba auch der Allheilige und der gerechte Richter.

In der Vision des Menschensohnes im ersten Kapitel der Geheimen Offenbarung (12–18) erscheint er zwischen sieben goldenen Leuchtern mit Augen wie Feuerflammen, während aus seinem Mund ein scharfes zweischneidiges Schwert kommt. Im Hebräerbrief heißt es noch deutlicher: »Lebendig ist das Wort Gottes, kraftvoll und schärfer als jedes zweischneidige Schwert; es dringt durch bis zur Scheidung von Seele und Geist, von Gelenk und Mark; es richtet über die Regungen und Gedanken des Herzens; vor ihm bleibt kein Geschöpf verborgen, sondern alles liegt nackt und bloß vor den Augen dessen, dem wir Rechenschaft schulden« (4,12f). Der Gott, den wir in unseren Gewohnheiten domestiziert, in unserer Bequemlichkeit gefesselt, in unserer Bürgerlichkeit verharmlost und in unserer Konsummentalität pflegeleicht gemacht haben, durchschaut unsere Verdrängungen, entlarvt unsere Rationalisierungen und richtet unsere verborgenen Absichten. Der Glanz seiner Heiligkeit durchleuchtet unser ganzes Sein. Das ist das Urteil. Es muß nicht ausgesprochen werden, es leuchtet ohne Erklärung ein. Es ist die absolute Wahrheit.

Wer etwas Gespür hat für diese Heiligkeit Gottes, wird oft mit innerer Überzeugung beten, wie es Ignatius dem Exerzitanten als Vorbereitungsgebet zu jeder einzelnen Übung empfiehlt: »Gott, unseren Herrn, um Gnade bitten, damit alle meine Absichten, Handlungen und Betätigungen rein auf Dienst und Lobpreis seiner göttlichen Majestät hingeordnet seien« (EB 46). Es ist ein Gebet, das dem Prinzip und Fundament der Exerzitien (EB 23) entspricht und ihr grundlegendes Anliegen in Gebetsform ausdrückt. Es ist auch ein Gebet, das eine große Dynamik in sich birgt; denn Gott verherrlichen bedeutet, seine Herrlichkeit verkünden. Sie umfaßt die ganze Welt und das ganze Menschengeschlecht. Das muß offenbar werden, auch durch unser Tun. Das immer wiederholte Vorbereitungsgebet vertieft diese Einstellung und führt zu einer apostolischen und missionarischen Lebenshaltung.

## Sendung

In der Schrift macht die kabod-Erfahrung einen Menschen zu einem Apostel. Zu Beginn des 15. Kapitels wurde die Berufungsvision des Jesaja erwähnt, die mit dem Vers abschließt: »Danach hörte ich die Stimme des Herrn, der sagte: Wen soll ich senden? Wer wird für uns gehen? Ich antwortete: Hier bin ich, sende mich!« (6,8). Ebenso wird Petrus gesandt nach der erschütternden Erfahrung des wunderbaren Fischfangs, in der ihm die Transzendenz Jesu aufleuchtete: »Fürchte dich nicht! Von jetzt an wirst du Menschen fangen« (Lk 5,8–10). Eine solch tiefgreifende Erfahrung macht der von Gott begnadete Mensch nicht für sich allein. Sie wird ihm geschenkt, um für viele fruchtbar zu werden.

Umgekehrt kann kein Mensch ohne eine gewisse kabod-Erfahrung ein Apostel sein. Er könnte nur einen Mini-Gott predigen. Er würde zu sehr auf seine eigene Kraft bauen und zu viel sich selbst verkündigen. Die kabod-Erfahrung ist Grundlage für ein wahres Apostolat.

Von daher wird auch verständlich, warum die Demut für einen Apostel so wichtig ist. Der hl. Paulus schreibt: »Ich glaube, Gott hat uns Apostel auf den letzten Platz gestellt...« (1 Kor 4,9). Das anzunehmen, ist eine Herausforderung, die eines lebenslangen Ringens mit sich selbst bedarf. Allein schon zu verstehen, was Demut ist, fällt uns schwer. Sie wird oft mißdeutet. Ob im mangelnden Verständnis dessen, was Demut ist und fordert, nicht ein unbewußter Widerstand gegen sie mitspielt?

# Zwanzigstes Kapitel

# Demut

Demut ist selbstverständlich nicht mit einem Minderwertigkeitsgefühl, mit mangelndem Selbstverständnis oder Selbstvertrauen gleichzusetzen. Das wäre eher ein Zeichen fehlender Demut. Demut ist auch mehr, als sich seiner Grenzen bewußt zu sein und diese zuzugeben.

Demut ist Wahrheit, wird oft gesagt. Diese Aussage bezieht sich auf die Tatsache, daß es keinen vollkommenen Ehepartner gibt, keine vollkommenen Eltern, keinen vollkommenen Sohn, keine vollkommene Tochter, keinen vollkommenen Oberen, keine vollkommene Kommunität, keine vollkommene Kirche, keinen vollkommenen Staat. Ebenso sind weder wir selbst noch unsere Taten vollkommen. Dies zu bejahen, erfordert Mut. Nur so kann sich etwas zum Besseren wenden, denn »man wandelt nur, was man annimmt«. Das ist alles wahr. Echte Demut aber ist mehr als das.

Im letzten bedeutet Demut, mehr auf Gott oder auf Jesus zu schauen als auf sich selbst.[1] Die Blickrichtung auf Gottes Herrlichkeit ist das Entscheidende. Ein wahrhaft demütiger Mensch ist von Gottes Schönheit und Heiligkeit fasziniert und dadurch von vielen Kompliziertheiten und Komplexen befreit. Demut heißt, den Abgrund zwischen Gott und Mensch zu sehen und zugleich (ohne diesen Abgrund zu vergessen) die Liebe, die beide eint. Demut steht deshalb der Anbetung sehr nahe; denn Anbetung ist das tiefe Verlangen, Gott Gott sein zu lassen. Weil Gott Gott ist, kann der Mensch Mensch sein. Demut ist die Grundhaltung, die dieser aller Wirklichkeit innewohnenden Struktur entspricht.

Demut bleibt nicht bei sich selbst stehen, weder bei eigenem Erfolg noch bei Mißerfolg, weder bei Freude noch bei Schmerz. Deshalb läßt sich Demut niemals entmutigen. Sie ist eine Quelle von Vertrauen, von Mut und vor allem von nie ermüdender Ausdauer. Diese Ausdauer ist aber weit entfernt von Halsstarrigkeit, Eigensinn, Härte oder Fanatismus. Sie zeichnet sich vielmehr aus durch Frieden und Treue, Zuversicht und Hingabe. Der Stolz, und nur er, ist anfällig für Entmutigung. Demut ist bereit, auch das Leid anzunehmen, wenn es sein muß. Wo diese Bereitschaft fehlt, lauert die Bitterkeit. Entmutigung und Verbitterung sind die Gegenpole der Demut.

### Nicht vergleichen

Chesterton hat recht, wenn er den Humor als natürliche Grundlage der Demut bezeichnet. Dag Hammarskjöld trifft mit seiner prägnanten Bemerkung noch mehr ins Schwarze: »Demut ist in gleichem Grad der Gegensatz zur Selbstdemütigung wie zur Selbstüberhebung. Demut heißt, *sich nicht vergleichen.*«[2]

Das Vergleichen ist im Grunde ein Kreisen um sich selbst. Es macht den andern zum Satelliten des Ego, und vor allem verliert es Gott aus dem Blick. Demütige Menschen sind nie Rivalen. Sie lassen sich nicht auf einen Konkurrenzkampf ein, der ja auf einem ständigen Vergleichen beruht. Sie sind Friedensstifter, nicht weil sie Gegensätze verharmlosen oder mit allen Mitteln zu harmonisieren versuchen, sondern weil sie mit Gott in Harmonie leben und aus ihm ihr echtes Selbstwertgefühl schöpfen. Daraus wächst Shalom, für sie selbst und durch sie für andere.

In der Parabel, die Jesus einigen erzählte, »die von ihrer eigenen Gerechtigkeit überzeugt waren und die anderen verachteten« (Lk 18,9–14), vergleicht sich der Pharisäer mit dem Zöllner, und dieser Vergleich stellt ihn als den Besseren heraus (zumindest in den eigenen Augen). Aber auch wenn der Pharisäer sich als der Geringere empfunden hätte, wäre dies keine Demut gewesen. Der Zöllner vergleicht überhaupt nicht, sondern sucht nur Gott, zu dem er nicht einmal seine Augen zu erheben wagt. Das ist Demut.

Teresa von Avila warnt kategorisch: Das Vergleichen ist der Tod des geistlichen Lebens. Es legt falsche Maßstäbe an, die ablenken und verwirren und auf die Dauer erstickend wirken. Demut hat nichts zu tun mit Feigheit und falscher Rücksichtnahme, mit Ängstlichkeit und Unsicherheit, noch weniger mit Sturheit und Rücksichtslosigkeit. Im Gegenteil: echte Demut befreit von ungesunder Abhängigkeit und löst von der Angst vor der öffentlichen Meinung. Gleichzeitig schenkt sie echte Sensibilität und Zivilcourage, weil sie auf Gott schaut und seinen kabod ahnt. Erinnern wir uns an die Regel des hl. Benedikt: »In aller Freundlichkeit, wie sie ihm die Gottesfurcht eingibt« (66,4). Daraus schöpft sie den Mut, dem Weg zu folgen, den sie in Gottes Licht als den richtigen erkennt.

Mangel an Demut hat in Familien und Kommunitäten, in der Seelsorge und in der Sozialarbeit schon viel Schaden angerichtet. Er ist Ursache großer Unglaubwürdigkeit. Aus Mangel an Demut fehlt dem einen das Rückgrat, andere werden zu Strebern.

Im Jüngerkreis Jesu finden sich während seines ganzen öffentlichen Auftretens immer wieder traurige Beispiele für beide Schwächen. Als Jesus verhört und verspottet wird, gibt Petrus der Menschenfurcht nach und sagt zu jenen, die sich am Feuer wärmen: »Ich kenne ihn nicht« (Lk 22,57). Nach der dritten Leidensvorhersage treten die Söhne des Zebedäus in ihrer Karrieresucht an Jesus heran mit der Bitte um die ersten Plätze im kommenden Gottesreich. In der Apostelgeschichte setzen sich diese Beispiele fort, und auch in der weiteren Geschichte des Christentums sind deren viele zu finden. Wo Menschen sind, da menschelt es, könnte man milde sagen, und darin liegt sicher eine gewisse Weisheit. Die Schrift lehrt uns eine noch tiefere Weisheit, wenn sie sagt, daß Gott trotz unserer Fehler und sogar in unseren Fehlern wirkt. So setzt sich Gottes Schöpfertum fort.

Aber bei alldem wird doch der Glaubwürdigkeit der Frohbotschaft durch den Mangel an Demut geschadet und viel unnötiges Leid und sogar Ungerechtigkeit heraufbeschworen. Je mehr ein Mensch sich der Herrlichkeit Gottes öffnet, um so mehr verwirklicht sich durch ihn das Reich Gottes in dieser Welt. Ohne Zweifel ruft uns Jesus zu dieser Haltung auf; er selbst hat sie ja gelebt.

Ein alter Franziskaner spricht davon, wie sich uns ein ganz neues Leben erschließt, wenn wir, anstatt uns auf uns selbst zu konzentrieren, unsere Last zu Gott bringen und uns auf ihn hin ausrichten. Der Text weist treffend darauf hin, worum es bei der Demut geht.

Ich habe einmal einen alten, vernünftigen und guten, vollkommenen und heiligen Mitbruder sagen hören:
Wenn du den Ruf des Geistes hörst, folge ihm, und mit deiner ganzen Seele, mit deinem ganzen Herzen und mit all deinen Kräften bemühe dich, heilig zu werden.
Wenn du es aber wegen der menschlichen Schwäche nicht schaffst, heilig zu werden, dann versuche mit deiner ganzen Seele, mit deinem ganzen Herzen und mit all deinen Kräften, vollkommen zu werden.
Wenn es dir aber wegen der Eitelkeit deines Lebens nicht gelingt, vollkommen zu werden, dann bemühe dich mit deiner ganzen Seele, mit deinem ganzen Herzen und mit all deinen Kräften, gut zu werden.
Wenn du es aber wegen der Nachstellungen des Bösen auch nicht fertigbringst, gut zu werden, dann sieh mit deiner ganzen Seele, mit deinem ganzen Herzen und mit all deinen Kräften zu, vernünftig zu werden.
Wenn es jedoch wegen der Last deiner Sünden schließlich weder zu einem heiligen noch zu einem vollkommenen, noch zu einem vernünftigen, noch zu einem guten Menschen reicht, dann versuche, diese Last vor Gott zu bringen, und übergib dein Leben der göttlichen Barmherzigkeit.
Wenn du dies wegen der Zärtlichkeit Gottes, der ja auch die Undankbaren und Bösen liebt, ohne Bitterkeit, in aller Demut und mit heiterem Geist tust, dann wirst du zu spüren beginnen, was es heißt, vernünftig zu sein, wirst lernen, was gut sein ist, wirst langsam danach streben, vollkommen zu werden, und wirst schließlich dich danach sehnen, heilig zu werden.
Wenn du dies alles jeden Tag mit deiner ganzen Seele, mit deinem ganzen Herzen und mit all deinen Kräften tust, dann kann ich dir versichern, Bruder, daß du auf dem

Weg des heiligen Franz und nicht mehr weit vom Reich
Gottes bist![3]

## Wir haben seine Herrlichkeit gesehen

Wenn die Botschaft des Alten Testaments sich im Neuen erfüllt und tiefer gedeutet wird, dann handelt es sich dabei im
Kern immer darum, daß in Jesus die Herrlichkeit Gottes
sichtbar wird. Der unzugängliche kabod wird in Jesus zu-
gänglich und offenbart in ihm seine ganze Liebenswürdig-
keit. So werden z.B. die vier Gottesknechtslieder des Deu-
terojesaja im Neuen Testament wiederholt auf Jesus bezo-
gen: »Du bist mein Knecht Israel, an dem ich meine Lie-
benswürdigkeit zeigen will« (Jes 49,3). Treffend ist eine
Übertragung im Johannesevangelium. Nachdem zwei Je-
saja-Texte zitiert worden sind, fährt der Evangelist fort:
»Das sagte Jesaja, weil er Jesu Herrlichkeit gesehen hatte;
über ihn nämlich hat er gesprochen« (Joh 12,41). Jesaja sah
zwar die Herrlichkeit *Jahwes* thronend im himmlischen
Tempel, doch Johannes bezieht sie direkt auf *Jesus* und sagt
ausdrücklich: »Jesaja hatte Jesu Herrlichkeit gesehen; über
Jesus nämlich hat er gesprochen.«
Ähnlich argumentiert Paulus im zweiten Korintherbrief in
einer Polemik mit seinen ehemaligen Kollegen, den Pha-
risäern, daß nur in Christus die Hülle, die über Mose (d.h.
dem Alten Testament) liegt, entfernt wird (3,12–18).
Die christliche Liturgie übernimmt immer wieder dieses
Schriftverständnis. So wird z.B. der Psalmvers: »Ihr Tore,
hebt euch nach oben, hebt euch, ihr uralten Pforten; denn es
kommt der König der Herrlichkeit« (24, 7 und 9), an verschiedenen Festen auf Christus angewendet. Oder der Vers,
der sich ursprünglich auf das Manna bezog, wird am Heiligen Abend in leichter Abänderung gesungen: »Heute sollt
ihr es erfahren: Der Herr kommt, um uns zu erlösen, und
morgen werdet ihr seine Herrlichkeit schauen« (Ex 16,6–7).
Als Jesus geboren war, umstrahlt der Glanz des Herrn die
Hirten (Lk 2,9), und ein großes himmlisches Heer verkündet den Namen (d.h. die Identität) des Neugeborenen:

»Verherrlicht ist Gott in der Höhe und Friede auf Erden den Menschen seiner Gnade« (Lk 2,14). »Er ist der Abglanz der göttlichen Herrlichkeit und das Abbild des Wesens Gottes« (Hebr 1,3), »das Ebenbild des unsichtbaren Gottes« (Kol 1,15). Das ganze Erdenleben Jesu ist eine verhüllte Epiphanie: Wie der kabod Jahwes im Bundeszelt unter der Wolke beim Volk Israel seine Bleibe hatte, so hat die Herrlichkeit Gottes in der Person Jesu unter uns ihr Zelt aufgeschlagen, und wir empfangen aus seiner Fülle Gnade über Gnade. »Niemand hat Gott je gesehen. Der Einzige, der Gott ist und am Herzen des Vaters ruht, er hat Kunde gebracht« (Joh 1,18). In Zeichen und Wundern offenbart Jesus immer etwas mehr von der Fülle seiner Herrlichkeit. Die Zeichen wollen zum Glauben führen, setzen aber zum vollen Verständnis auch den Glauben voraus: »Wenn du glaubst, wirst du die Herrlichkeit Gottes sehen« (Joh 11,40).

### Jesus betasten

Im ältesten uns überlieferten Evangelium beschreibt Markus die Reaktion Jesu auf eine Berührung: »Jesus fragte: Wer hat mein Gewand berührt? Seine Jünger sagten zu ihm: Du siehst doch, wie sich die Leute um dich drängen, und da fragst du: Wer hat mich berührt? Er blickte umher, um zu sehen, wer es getan hatte« (5,30–32). Offensichtlich gibt es einen unbeteiligten, unwirksamen Kontakt mit Jesus, so wie ihn viele Menschen im Gedränge hatten; es gibt aber auch einen bewußten, heilenden Kontakt, den die Frau, die schon seit zwölf Jahren an Blutungen litt, suchte und fand. Man kann also mit dem Allheiligen physisch in Kontakt treten. Der Unerreichbare ist erreichbar geworden. Jetzt hängt es nur noch von uns ab, wie echt und heilbringend diese Berührung ist.

Auch Menschen, die ihn nicht erkannt haben, haben ihn berührt. Einige von ihnen haben »den Herrn der Herrlichkeit gekreuzigt« (1 Kor 2,8). Gerade diese Kreuzigung deutet das Neue Testament, vor allem im Johannesevangelium, als Verherrlichung Jesu; denn darin enthüllt sich seine Liebe bis zur Vollendung, daß er sein Leben hingibt für seine Freunde (Joh 13,1; 15,13). Die Liebe bis zum äußersten ist seine Entäußerung bis zum Tod am Kreuz. Das ist Verherrlichung, wie die Schrift sie versteht. Es ist nicht eine Karriere, die um den ersten Platz bemüht ist, die schneller, klüger, größer, besser, tüchtiger, erfolgreicher als die anderen sein will: nein, es ist eine Karriere nach unten, die ganz bewußt den letzten Platz annimmt.

Immer wenn Jesus über seine Verherrlichung spricht, meint er seine Erniedrigung, sein Scheitern, seinen Tod am Kreuz. »Mußte nicht der Messias all das erleiden, um so in seine Herrlichkeit zu gelangen?« (Lk 24,26). Gott »hat seinen Knecht Jesus verherrlicht, den ihr verraten und ... verleugnet habt« (Apg 3,13).

Wir sind auserwählt, an seiner Verherrlichung teilzuhaben. Gott beruft uns »zu seinem Reich und zu seiner Herrlichkeit« (1 Thess 2,12). »Dazu hat er euch durch das Evangelium berufen; ihr sollt die Herrlichkeit Jesu Christi, unseres Herrn, erlangen« (2 Thess 2,14). »Der Gott aller Gnade hat uns in der Gemeinschaft mit Christus zu einer ewigen Herrlichkeit berufen ...« (1 Petr 5,10). Nach dem schönen Text aus dem zweiten Korintherbrief werden wir gerade durch das Betrachten der Herrlichkeit Gottes, wie sie in Jesus Gestalt angenommen hat, gewandelt in sein Bild (seine Ikone). Das gewinnt noch dadurch an Bedeutung, daß der Römerbrief uns nahelegt, den Sinn und die Bestimmung unseres Lebens genau darin zu erkennen, an Wesen und Gestalt Jesu teilzuhaben (8,29). »Wir alle spiegeln mit enthülltem Angesicht die Herrlichkeit des Herrn wider und werden so in sein eigenes Bild verwandelt, von Herrlichkeit zu Herrlichkeit, durch den Geist des Herrn« (2 Kor 3,18).

Das bedeutet dann auch für uns eine Karriere nach unten; denn es entspricht dem Wesen und der Herrlichkeit Jesu. Spätestens seit der römischen Bischofssynode von 1971 wurde sehr oft wiederholt, daß der Glaube wesensnotwendig die Förderung der Gerechtigkeit verlangt und daß Gerechtigkeit im Sinn der Bibel die besondere Sorge für die Armen, die Unterdrückten, die Wehrlosen und Behinderten einschließt. Jesus hat bewußt in Solidarität mit den Armen und Schwachen gelebt. Darin ist er das wahre Abbild Gottes, den er seinen Vater nennt und der im ganzen Alten Testament für die Opfer der Ungerechtigkeit Partei ergriffen hat. Das ist wie ein roter Faden, der sich durch das Alte und das Neue Testament zieht. Wer die Herrlichkeit Gottes sucht, kann sie nur auf dem Weg zu den Armen und mit ihnen finden. In ihnen offenbart Gott seinen kabod; am deutlichsten in seinem Sohn, der einer von ihnen geworden ist.

# 6. Teil

# DAS ÖSTERLICHE GEHEIMNIS

# Die Passion im Licht der Auferstehung

Vor mehr als einem Jahrhundert prägte der Exeget Martin Kähler das herausfordernde Paradox: »Das Markusevangelium ist eine Leidensgeschichte mit einer ausführlichen Einleitung.« Wenn Evangelium Frohbotschaft bedeutet, dann haben wir es hier sicherlich mit einem Paradox zu tun. So verstanden ist die »Gute Nachricht« etwas überspitzt gesagt im Grunde der Bericht des ungerechten, grausamen, todbringenden Leidens eines unschuldigen Menschen.

Und doch hat Kähler mit seiner beabsichtigten Übertreibung nicht unrecht. Er betrachtete die Passion als das Herzstück des Markusevangeliums. Die anderen Kapitel führen nur darauf hin. Zunächst einmal sind die dreißig Jahre des verborgenen Lebens Jesu bei Markus überhaupt nicht erwähnt. Matthäus und Lukas beschäftigen sich damit auf einigen wenigen Seiten. Das öffentliche Leben Jesu wird ausführlicher und mehr ins einzelne gehend erzählt. Doch sobald die Passion beginnt, verlangsamt sich der Fluß der Erzählung noch einmal beträchtlich. Alle vier Evangelisten bieten uns einen Bericht der Ereignisse von Stunde zu Stunde. Hier liegt ohne Zweifel das Hauptinteresse der Evangelisten.

Kählers Aussage findet eine auffallende Bestätigung in unseren offiziellen Glaubensbekenntnissen. Selbstverständlich nimmt Jesu Person buchstäblich den zentralen Platz in ihnen ein. Doch zwischen seiner Geburt und seinem Leiden liegt nichts, das der Erwähnung wert wäre. Kein einziges Wort wird verloren über seine Gleichnisse oder Wunder, seine Reden oder Streitgespräche, seine Begegnungen mit dem Volk oder sein öffentliches Wirken. Von seiner Geburt springen wir unvermittelt in sein Leiden und seinen Tod. Offensichtlich macht das die Mitte unseres Glaubens aus. Im Nizänischen Glaubensbekenntnis bekennen wir von Jesus: Er »hat Fleisch angenommen durch den Heiligen Geist von der Jungfrau Maria und ist Mensch geworden.« Im Apostolischen Glaubensbekenntnis ist die Auslassung sogar noch ausgeprägter. Wir sagen von Jesus: »Empfangen durch den Heiligen Geist, geboren von der Jungfrau Maria, gelitten unter Pontius Pilatus, gekreuzigt, gestorben und begraben, hinabgestiegen in das Reich des Todes.« In den Rosenkranzgeheimnissen finden wir das gleiche Modell: Von den freudenreichen geht es zu den schmerzenreichen; kein Wort über das, was dazwischen liegt.

Im Johannesevangelium finden wir einen Text von großer Aussagekraft; Jesus sagt zu den Juden: »Wenn ihr den Menschensohn erhöht habt, dann werdet ihr erkennen, daß ICH es BIN« (8,28). Jesus beansprucht den heiligsten Namen für sich. Das war eine unerhörte Behauptung in einem Milieu, in dem dieser Name von menschlichen Lippen nicht einmal ausgesprochen werden durfte. Jesus verknüpft diesen Anspruch mit seinem Tod am Kreuz: Genau dort wird sein Einssein mit Jahwe offenbar. Dieser eine Vers umschließt die tiefste Selbstentäußerung – das Sterben wie ein Sklave am Kreuz – und das erhabenste Selbstverständnis – sich mit Jahwe gleichzusetzen.

Wieviel Wahrheit auch in Kählers Paradox stecken mag, die moderne Exegese fordert doch unbedingt eine wesenhafte Ausweitung. Wir können noch immer sagen, daß das Evangelium grundsätzlich die Geschichte der Passion ist, müssen aber notwendigerweise hinzufügen: gesehen im Licht der Auferstehung. Unter den vielen Beiträgen der zeitgenössischen Bibelwissenschaft dürfte das Zeugnis, daß jede einzelne Seite des Evangeliums in der Gewißheit der Auferstehung Jesu geschrieben worden ist, wohl der wichtigste sein. Genau diese alles durchziehende Grundüberzeugung macht die Erzählungen zu »Guten Nachrichten«, zur Frohen Botschaft. Einige Beispiele mögen diese wichtige Einsicht erläutern.

Die Pharisäer hätten die Passion Jesu viel detaillierter erzählen können, als die Evangelisten sie beschreiben. Hatten sie nicht geplant, Jesus zu beseitigen, und zu diesem Zweck sogar den Dienst eines Jüngers Jesu gekauft? Sie führten ihren Plan sorgfältig aus, genossen ihren Erfolg und hätten deshalb zweifellos viel von dem berichten können, was sich unserer Kenntnis entzieht. Und doch, ungeachtet dessen, wie genau, ausführlich und erhellend ihre Darstellung ausgefallen wäre, sie wäre nie Evangelium; denn der Glaube an die Auferstehung würde fehlen, und so wäre alles aus der falschen Perspektive heraus gesehen und berichtet.

Es ist nicht schwer, weitere ähnliche Beispiele zu bedenken. Man könnte die Passion als ein edler Humanist betrachten und zutiefst schockiert sein über diese massive Verletzung der Menschenrechte – es vielleicht Amnesty International berichten. Doch wenn der Glaube an die Auferstehung fehlt, haben wir es nicht mit dem Evangelium zu tun.

Wenn die Jünger auch verschiedene Etappen der Passion miterlebt haben, so haben sie diese doch keineswegs als Evangelium erfahren. Ihre Reaktion war im Gegenteil eine abgrundtiefe Enttäuschung. Ihre letzte Hoffnung war zerschlagen. Die Auferstehung erwarteten sie nicht, und deshalb spürten sie auch absolut nichts von einer Frohen Botschaft.

Der römische Hauptmann, der mit der Kreuzigung beauftragt war, kam der wahren Bedeutung des Evangeliums am nächsten. Pilatus hatte ihn für die heikle Aufgabe bestimmt, die Hinrichtung des umstrittenen Rabbi von Nazaret durchzuführen. Jerusalem war gedrängt voll von Pilgern zum Paschafest, und die Verurteilung Jesu hätte der zündende Funke werden können, der in einer solch gespannten Atmosphäre das Pulverfaß zum Explodieren brachte. Pilatus machte dem zuverlässigen Offizier klar, daß er keinen Aufstand wollte. Der Hauptmann hatte das Unternehmen unter Kontrolle und führte es reibungslos durch. Als der Auftrag abgeschlossen war, rief dieser dafür verantwortliche Mann, dem auch nicht die kleinste Kleinigkeit entgangen war, aus: »Wahrhaftig, dieser Mensch war Gottes Sohn« (Mt 15,39). Wir könnten dieses Bekenntnis so wiedergeben: »In meiner bisherigen Karriere in der Armee ist mir nie eine solche Kreuzigung begegnet. Dieser Mensch war außergewöhnlich! Ich habe echte Heiligkeit gespürt. Er war Gott nahe.« Dieser römische Offizier hatte in der Kreuzigung einen Schimmer des Jenseits geschaut. Er bekennt sicherlich nicht den vollen christlichen Glauben und gibt auch dem Ausdruck »Sohn Gottes« nicht den vollen Bedeutungsinhalt, den die Theologie später nach und nach erschließen wird, hat aber trotzdem in diesem leidenden Menschen etwas entdeckt, was das Menschliche übersteigt.

Ein Christ ist ein Mensch, der das Grauen der Kreuzigung im hellstrahlenden Licht der Auferstehung sieht. Wenn die Evangelisten ihre Evangelien schreiben, sehen sie *mehr* als während des eigentlichen Leidens, und genau dieses *Mehr* macht die biblische Inspiration aus. Die Wurzel dieses letzten Wortes ist spiritus, Geist. Der Heilige Geist ließ sie all das, was geschehen war, im Glauben an die Auferstehung schauen. Diese Gewißheit schenkte ihnen eine neue Perspektive.

Als die Urkirche die historischen Ereignisse des Lebens Jesu im Licht des Auferstandenen zu lesen begann, wurden die Augen der ersten Christen für viele verblüffende Entdeckungen geöffnet. So haben sich die Evangelien entwickelt. Es ist das Charisma der Evangelisten und durch sie eines jeden Christen, das Strahlen des Osterlichtes im Leiden Jesu – und seiner Jünger – aufzuzeigen. Vor allem das Johannnesevangelium stellt die Passion so dar, daß die Herrlichkeit des auferstandenen Jesus alles durchdringt – gelegentlich ist sie wie das Aufflammen eines hellen Lichtes. Die Auferstehung ist das andere Gesicht der Passion. In gewissem Sinn ist es eine dialektische Umkehr: Ein unbarmherziges Leiden wandelt sich in eine ungeheure Freude und Herrlichkeit und wird darin vollendet. Doch vor allem besteht zwischen der Passion und der Auferstehung eine Kontinuität. Das wollen uns die inspirierten Texte aufzeigen. Die Kontinuität liegt in der Herrlichkeit der Liebe zwischen Vater und Sohn. Diese Liebe war die tragende Kraft in den grauenhaften Stunden körperlichen und seelischen Leidens. In der Auferstehung offenbart sich eben diese Liebe in strahlendem Glanz. Die Auferstehung ist das unverhüllte Durchbrechen der bis dahin verborgenen, stützenden Kraft. Die Auferstehung löscht das Kreuz nicht aus; sie enthüllt es vielmehr in seiner ganzen Wirklichkeit. Vielleicht können wir sagen, daß in der Passion die Treue des Sohnes zum Vater mehr in den Vordergrund tritt, während in der Auferstehung die Treue des Vaters zu seinem Sohn augenscheinlicher ist. Doch wenn wir das so sagen, dürfen wir niemals vergessen, daß die zwei eins sind. Und vergessen wir auch nicht, daß die Liebe des Vaters, des Sohnes und des Heiligen Geistes zueinander die eine Liebe ist, die der dreifaltige Gott der Welt schenkt.

Beim Tod am Kreuz schien es, als ob der Vater den Sohn im Stich gelassen hätte: »Mein Gott, mein Gott, warum hast du mich verlassen?« (Mk 15,34; Ps 22,1). Die Auferstehung läßt jedoch klar werden, daß der Vater zum Sohn stand mit einer Treue, die unsere menschlichen Möglichkeiten und unsere kühnsten Vorstellungen weit übertrifft: im Tod und über den Tod hinaus. Die Auferstehung ist die Enthüllung der ewigen, ungebrochenen Liebe zwischen Vater und Sohn, die ihre Vollendung findet im Ausgießen ihres gemeinsamen Heiligen Geistes in unsere Herzen (vgl. Röm 5,5): die Vollendung des österlichen Geheimnisses.

Das Pascha-Geheimnis besteht in der unauflöslichen Einheit von Tod und Auferstehung Jesu und macht die Mitte des christlichen Glaubens aus. Tod und Auferstehung sind wie zwei Seiten eines Tunnels. Ein Tunnel hat immer zwei Öffnungen; hätte er nur eine, wäre er nichts weiter als ein Loch in der Erde. Und die beiden Seiten müssen miteinander verbunden sein; sonst wären es nur zwei Löcher.

Auf der Leidensseite erhaschen wir bereits einen Schimmer des Osterlichtes; auf der Seite der Auferstehung sehen wir stets durch den Tunnel die Silhouette des Kreuzes, genauso wie der Auferstandene für immer an seinem verherrlichten

Leib die Male der Nägel trägt. So und allein so ist das österliche Geheimnis tröstlich. »Zwar wurde Jesus in seiner Schwachheit gekreuzigt, aber er lebt aus Gottes Kraft. Auch wir sind schwach in ihm, aber wir werden zusammen mit ihm ... aus Gottes Kraft leben« (2 Kor 13,4). »Christus will ich erkennen und die Macht seiner Auferstehung und die Gemeinschaft mit seinem Leiden« (Phil 3,10).

Auf dieses österliche Geheimnis bezog sich Jesus, als er sagte: »Wenn ihr den Menschensohn erhöht habt, dann werdet ihr erkennen, daß ICH es BIN« (Joh 8,28). Wir können es als eine bemerkenswerte Bestätigung dieses aussagetiefen Verses ansehen, daß im 20. Jahrhundert zwei hochintelligente jüdische Frauen durch eben das Geheimnis dieses Kreuzes den katholischen Glauben fanden: Edith Stein und Simone Weil.

Die selige Edith Stein († 1942) bekannte sich während ihres Göttinger Studiums als Atheistin, bis ihr sehr geschätzter Professor Adolf Reinach 1917 im Ersten Weltkrieg an der belgischen Front fiel. Der Beileidsbesuch bei der Witwe wurde zum Wendepunkt in ihrem Leben. »Es war dies meine erste Begegnung mit dem Kreuz und der göttlichen Kraft, die es seinen Trägern mitteilt ... Es war der Augenblick, in dem mein Unglaube zusammenbrach und Christus aufstrahlte, Christus im Geheimnis des Kreuzes.«[1] Das war kein Augenblickserlebnis. Es prägte den Rest ihres Lebens so sehr, daß sie als Karmelitin den Namen wählte: Schwester Teresa Benedicta a Cruce, d.h. Schwester Teresa, vom Kreuz gesegnet.

Simone Weil († 1943) identifizierte sich in einem außergewöhnlichen Maße mit den Leiden der Opfer des spanischen Bürgerkrieges und des Zweiten Weltkrieges, vor allem mit ihren jüdischen Volksgenossen unter dem Naziterror. Auch sie war betroffen von der innigen Verbindung zwischen der gottverlassenen Situation dieser Menschen und der Gottverlassenheit Jesu am Kreuz, die sie gnadenhaft erkennen durfte. Das führte sie zum christlichen Glauben. Bis wenige Tage vor dem Tod verweigerte sie aus Solidarität mit ihrem gequälten Volk die Taufe. Als sie jedoch kurz vor ihrem Sterben eine gute Freundin bat, sie zu taufen[2], gewann sie auch sakramental Anteil am Tode und an der Auferstehung Jesu.

## *Das österliche Geheimnis leben*

Das österliche Geheimnis ist eine dogmatische Wahrheit von höchster Bedeutung. Wäre Jesus nicht auferstanden, wären wir nicht erlöst. Die Osterliturgie wird nicht müde zu verkünden, daß derselbe Jesus, der am Kreuz hing, aus dem Grab erstanden ist. Kreuz und Auferstehung auseinanderreißen zu wollen hieße das zentrale Geheimnis unseres Glaubens zerstören.

Das österliche Geheimnis hat auch praktische Bedeutung für unser konkretes Leben. Wer immer an dieses Geheimnis glaubt, lebt anders. Das tägliche Leben wird verwandelt. Wir lernen, das Leiden nicht zu verschwenden, vermag es doch, wenn wir es in die Verbindung mit dem Leiden Jesu stellen, reiche Frucht zu tragen. Es ist von tiefer Bedeutung, daß in zahlreichen Sprachen Leiden als »Kreuz« bezeichnet wird. Die Erfahrung vieler Generationen schlägt sich in dieser Wahlverwandtschaft zwischen unserem Schmerz und dem Schmerz Jesu nieder. Jesus bietet uns weder ein Mittel an, das uns aus den Enttäuschungen des Lebens herausführen könnte, noch eine Erklärung, die uns instand setzen würde, deren Sinn zu verstehen. Aber er kommt, um in unserem Leiden gegenwärtig zu sein. Er läßt uns in unserem Elend nicht allein, nein, er bleibt auch hier bei uns, er, der selbst so tiefen Schmerz erfahren hat. Er zeigt uns, daß wir unsere Not mit der seinen vereinen können, so daß sie, eingeholt in seine Passion, einströmen kann in die Herrlichkeit der Auferstehung. Was wir spontan als sinnlos betrachten und mit Recht – denn in sich ist es das –, vermag durch das österliche Geheimnis schöpferisch zu werden. Das bewahrt uns vor Selbstbemitleidung und Bitterkeit. Und das macht einen nicht auszulotenden Unterschied aus.

Leiden, das wir nicht aus ganzem Herzen anzunehmen und in unser Leben zu integrieren vermögen, wirkt sich negativ aus. Dieses Leiden kann viele Gesichter haben: gesundheitliche Probleme; Abhängigkeit in ihren verschiedenen Formen;

Rückschläge in unserer Karriere; gerechte oder ungerechte Zurücksetzungen; Verrat von seiten jener, von denen wir es am wenigsten erwarteten; Mangel an Bestätigung und Anerkennung; Frustrationen aufgrund ungenügender Ausbildung; Unreife und Schattenseiten, die wir nach und nach an uns entdecken; unsere spirituelle Mittelmäßigkeit; lange Trockenperioden im Gebet; unsere eigene Untreue; echte oder bloß vermeintliche Schuld usw. In kritischen Augenblicken kann jedes dieser nichtbejahten Leiden uns leicht zu oberflächlichen Kompensationen oder zur Untreue in den uns teuersten Bindungen führen. Eine nicht vergebene oder verdrängte Kränkung verleitet uns dazu, andere zu kränken, möglicherweise ohne uns dessen bewußt zu werden.

Unsere nicht angenommenen negativen Erfahrungen bringen uns in einen Teufelskreis, der zu noch mehr Negativem führt. Das kann in der Ehe, im Ordensleben, im Priestertum, im ledigen Stand passieren. Es erstickt unsere Liebe, höhlt unsere Hochherzigkeit und unseren Dienst aus, beeinträchtigt unsere Treue und Ehrlichkeit, macht uns kleinlich und oberflächlich. Das Kreuz Christi, in seiner Einheit mit der Auferstehung verstanden, schenkt uns die große Kraft, unumgängliche Leiden zu bejahen, sie mit dem Leiden Jesu zu vereinen und so fruchtbar werden zu lassen.

Je mehr wir unseren Glauben an das österliche Geheimnis in seiner Fülle leben, desto mehr finden wir Trost, nicht nur für uns, sondern auch für andere. Christlicher Glaube ist stets apostolisch. Der Trost, den wir anderen anbieten, muß echt und tief sein, ein Trost, der im Geheimnis verwurzelt ist. Der elsässische Priester und Kulturphilosoph Karl Pfleger wählte als Titel eines seiner Bücher: »Nur das Mysterium tröstet«.[3] Das ist eine wesentliche Feststellung. Ähnlich sagt es Paulus: »Gepriesen sei der Gott und Vater Jesu Christi, unseres Herrn, der Vater des Erbarmens und der Gott allen Trostes. Er tröstet uns in all unserer Not, damit auch wir die Kraft haben, alle zu trösten, die in Not sind durch den Trost, mit dem auch wir von Gott getröstet werden« (2 Kor 1,3–4).

# Spuren der Herrlichkeit in der Passion

Im Johannesevangelium sind die beiden Seiten des österlichen Geheimnisses am dichtesten verbunden. Der Adler unter den Evangelisten brütete länger darüber als die anderen drei. Während die Synoptiker die Verklärung auf dem Tabor und die Todesangst in Getsemani als zwei verschiedene Geschehnisse darstellen, verschmilzt das vierte Evangelium beide Erfahrungen miteinander (Joh 12, 20–33). Wir lesen dort: »Jetzt ist meine Seele erschüttert. Was soll ich sagen: Vater rette mich aus dieser Stunde? Aber deshalb bin ich in diese Stunde gekommen. Vater, verherrliche deinen Namen!« Diese Worte erinnern uns an die Todesangst im Garten, die, außer in dieser Anspielung, im Johannesevangelium nicht erwähnt wird. Im gleichen Abschnitt lesen wir auch: »Die Stunde ist gekommen, daß der Menschensohn verherrlicht wird ... Da kam eine Stimme vom Himmel: Ich habe ihn schon verherrlicht und werde ihn wieder verherrlichen. Die Menge, die dabeistand und das hörte, sagte: Es hat gedonnert. Andere sagten: Ein Engel hat zu ihm geredet.« Darin klingt etwas von der Verklärung an, deren ausdrücklicher Bericht im vierten Evangelium wiederum fehlt. So vereint Johannes die beiden Episoden, die sich in den ersten drei Evangelien ganz klar auf Tod und Auferstehung beziehen, bereits zu einer ergreifenden Erfahrung.

Der Abschnitt beginnt mit der Bitte einiger Griechen: »Wir möchten Jesus sehen«, und er endet mit Jesu Erklärung: »Wenn ich von der Erde erhöht bin, werde ich alle zu mir ziehen.« In diesem abschließenden Vers wird die Kreuzigung (Johannes läßt keinen Zweifel über die Bedeutung des Wortes »von der Erde erhöht«) als eine glorreiche Apotheose dargestellt. Ja, der Gekreuzigte hat zahlreiche Menschen an sich gezogen. Sie haben in diesem am Kreuz sterbenden Menschen ihren Erlöser erkannt. Sie haben seine Liebe gespürt und sich von ihm angezogen gefühlt. Das ist ohne Zweifel die Herrlichkeit des Kreuzes. Dieser abschließende Vers ist auch die Antwort auf die Bitte der Griechen, Jesus zu »sehen«: Sie werden ihn sehen, wenn er von der Erde erhöht ist. Aber sie müssen noch sieben Kapitel warten, bis sich ihre Bitte erfüllt. Wenn Jesus am Kreuz stirbt, dann kann er »gesehen« werden – im johanneischen Sinn von Erkennen und Anerkennen als den einzigen Sohn, vom Vater gesandt: »Sie werden auf den blicken, den sie durchbohrt haben« (Joh 19,37). Auch wir können auf ihn am Kreuz blicken wie die Griechen und uns von der Macht seiner Liebe zu ihm ziehen lassen, von einer Liebe, die bis zum Ende geliebt hat.

In der Passion Jesu hat Johannes sehr deutlich seinen eigenen Stil. Es gelingt ihm, die Herrlichkeit bereits im Leiden selbst durchstrahlen zu lassen. Ein überzeugendes Beispiel dafür ist schon der Anfang. Da das vierte Evangelium die Todesangst im Garten nicht berichtet, beginnt die Leidensgeschichte unmittelbar mit der Gefangennahme (18, 1–11). Aber auf welche unerwartete Weise! Die Gefangennahme wird zu einem seine Feinde niederschmetternden Sieg Jesu. Zunächst verbringt Jesus in dieser kritischen Stunde die Nacht bewußt an einem Ort, an dem er oft mit seinen Jüngern zusammengekommen ist. Hätte er seiner Passion entfliehen wollen, wäre ein anderer Ort, wo er nicht so leicht gefunden werden konnte, angebrachter gewesen. Doch Jesus will in keiner Weise den schmerzlichen Konsequenzen seiner Sendung entfliehen. »Deshalb liebt mich der Vater, weil ich mein Leben hingebe, um es wieder zu nehmen. Niemand entreißt es mir, sondern ich gebe es aus freiem Willen hin. Ich habe Macht, es hinzugeben, und ich habe Macht, es wieder zu nehmen. Diesen Auftrag habe ich von meinem Vater« (Joh 10, 17–18).

Dann kommen die Soldaten und Gerichtsdiener mit Laternen und Fackeln, um nach Jesus zu fahnden. Wir erinnern uns, daß Jesus im Johannesevangelium verschiedene Male »das Licht der Welt« genannt wird. Welche Ironie! Was die Kohorte tut, gleicht dem Unterfangen, mit einer Taschenlampe auf die Suche zu gehen nach der Sonne, die in ihrer vollen Kraft scheint.

Johannes erwähnt ausdrücklich, daß Jesus alles wußte, was mit ihm geschehen würde. Jesus wartete nicht in unruhiger Spannung auf seine Häscher, bis sie ihn eingekreist hatten, sondern er tritt ihnen entgegen. Dabei richtete er zweimal *die* Frage des Johannesevangeliums an sie: »Wen sucht ihr?« »Wen suchst du?« (vgl. Joh 1, 38 und 20,15). Der Höhepunkt der Szene besteht darin, daß Jesus ebenfalls zweimal die bedeutungsschweren Worte ausspricht: »ICH BIN« (es). Mit diesen Worten setzt er sich wiederum Jahwe gleich und wiederholt den Anspruch auf das Einssein mit dem Unaussprechlichen. Dieser Höhepunkt bekommt dadurch einen noch kräftigeren Akzent, daß die Soldaten zurückweichen und zu Boden stürzen. Es ist wie eine Huldigung, ehe sie Jesus tatsächlich gefangennehmen. Was für ein herrlicher Gefangener! Als er selbst in höchster Gefahr ist, sorgt er sich noch immer um seine Jünger. Er bleibt der gute Hirt bis zum Ende. »Wenn ihr mich sucht«, sagt er zu den Soldaten, »dann laßt diese gehen!« Doch er schützt nicht nur die Seinen, er verteidigt auch den Diener des Hohenpriesters Malchus gegen das unangebrachte Ungestüm des Petrus.

Die Gefangennahme wird im gesamten so dargestellt, daß Jesus darin nicht als bejammernswert erscheint, sondern als glorreich in seiner Passion.

Wenn Johannes ohne Zweifel der Evangelist ist, der in der Passion die Herrlichkeit am deutlichsten heraushebt, so fehlt diese Betonung doch auch nicht ganz bei den Synoptikern. Betrachten wir einen Abschnitt bei Matthäus und einen bei Lukas, um zu erfahren, wie jeder auf die ihm eigene Art das Licht der Auferstehung über dem leidenden Jesus aufstrahlen läßt.

Im Matthäusevangelium wird Jesus nach seiner Gefangennahme sogleich vor den Sanhedrin gebracht, der unter dem Vorsitz des Hohenpriesters Kajaphas zusammengekommen war (26, 59–68). Viele falsche Zeugen traten vor, »Jesus aber schwieg«. Zu schweigen bei solchen ungerechten Anschuldigungen ist schon ein bemerkenswertes Zeichen der Kraft. Dann erhebt sich die offizielle Autorität – der Hohepriester –, um Jesus vor dem lebendigen Gott unter Eid über seine Identität zu befragen: »Bist du der Messias, der Sohn

Gottes?« Jesu Antwort ist ein Höhepunkt majestätischen Selbstbewußtseins und gelassenen Mutes. Er führt zwei Stellen aus dem Alten Testament an und spricht damit genau die Sprache der Ältesten, der führenden Priester und Schriftgelehrten, die den Sanhedrin bilden. Sie sind bis zum letzten vertraut mit jedem Tüpfelchen und Jota der Schrift, die sie oft zitieren, so daß sie weitgehend in den Worten der Bibel reden.

Die erste Stelle, die Jesus anführt, stammt aus dem Propheten Daniel (7,9–14). Sie paßt genau auf die augenblickliche Situation: Es ist die Schilderung einer Vision, in der Gott in einem Gerichtssaal den Vorsitz führt und ein Urteil fällt über einen, der aussah »wie ein Menschensohn« und den man vor ihn gebracht hatte. Das Urteil jedoch ist verblüffend und dem Schuldspruch, den der Sanhedrin im Sinn hat, genau entgegengesetzt.

> Ich sah immer noch hin; da wurden Throne aufgestellt, und ein Hochbetagter nahm Platz. Sein Gewand war weiß wie Schnee, sein Haar wie reine Wolle. Feuerflammen waren sein Thron, und dessen Räder waren loderndes Feuer ... Das Gericht nahm Platz, und es wurden Bücher aufgeschlagen ... Immer noch hatte ich die nächtlichen Visionen: Da kam mit den Wolken des Himmels einer wie ein Menschensohn. Er gelangte bis zu dem Hochbetagten und wurde vor ihn geführt. Ihm wurde Herrschaft, Würde und Königtum gegeben. Alle Völker, Nationen und Sprachen müssen ihm dienen. Seine Herrschaft ist eine ewige, unvergängliche Herrschaft. Sein Reich geht niemals unter.

Als zweites enthält Jesu Antwort auch noch den Eingangsvers von Psalm 110, der in den prophetischen Text des Daniel hineinverwoben ist: »So spricht der Herr zu meinem Herrn: Setze dich mir zur Rechten, und ich lege dir deine Feinde als Schemel unter die Füße.« Die Botschaft ist überdeutlich. Sie setzt dieser feindseligen Gerichtssitzung, deren Todesurteil bereits feststeht, einen majestätischen Ernst entgegen.

Die Mitglieder des Sanhedrin verstanden die Botschaft sehr

wohl. Sie erwiderten das erhabene Selbstbewußtsein des Gefangenen mit körperlicher Mißhandlung: »Sie spuckten ihm ins Gesicht und schlugen ihn. Andere ohrfeigten ihn und riefen: Messias, du bist doch ein Prophet! Sag uns: Wer hat dich geschlagen?« (Mt 26, 67–68). Selten treffen eine solch königliche Haltung und eine dermaßen gemeine Reaktion der offiziellen Führer so unmittelbar zusammen. Wir stürzen jäh von einem der Höhepunkte des Evangeliums in einen Abgrund der Roheit. Die Herrlichkeit Jesu überragt alle Abgründe.

In der Passionsgeschichte des Lukas finden wir ebenfalls verschiedene Momente, in denen Jesu Herrlichkeit inmitten seiner Verdemütigung hell aufleuchtet (23, 27–43). Zum erstenmal treffen wir auf sie bei der Begegnung mit den weinenden und klagenden Frauen. Wir alle wissen, wie sehr körperlicher Schmerz den Menschen ganz gefangen nehmen kann, so daß man fast darauf fixiert ist. Er ist da, wühlt in unserem Körper, und wir können ihn weder ignorieren noch vergessen. Wir sind versucht, mit jenen, die bereit sind, uns zuzuhören, endlos darüber zu reden. Erlittene Ungerechtigkeit kann uns sogar noch mehr quälen. Wir vermögen uns dem Gedanken daran kaum mehr zu entziehen. Es gibt Menschen, die noch nach Jahren mit einer solch starken Gemütsbewegung darüber sprechen können, als ob es gerade erst gestern geschehen wäre.

Nach der Geißelung trug Jesus sein Kreuz, was ihm unzweifelhaft qualvollen Schmerz bereitete. Das Urteil über ihn war bis zum äußersten unfair und das Ergebnis unlauterer Intrige. So trug Jesus körperlichen und seelischen Schmerz bis zum Übermaß. Und doch lenkt er, als die Frauen Jerusalems über ihn klagen, die Aufmerksamkeit von sich weg auf sie und ihre Kinder hin. Inmitten seiner Qual bleibt er der selbstlos Liebende. Keine Spur von Egozentrik findet sich in ihm.

Jesus zeigt keine Bitterkeit, kein Selbstmitleid, kein Verlangen nach Vergeltung, als seine Henker ihn ans Kreuz schlagen. Er spricht vielmehr: »Vater, vergib ihnen; denn sie wissen nicht, was sie tun.« In diesem Gebet offenbart sich Jesu Edelmut. Es ist die Herrlichkeit in seiner Passion.

Die beiden mit Jesus gekreuzigten Verbrecher erleben die gleiche Szene wie er: eine Szene des Hasses, des Fanatismus, der unbarmherzigen Grausamkeit. Sie hören auch Jesu barmherziges Gebet. Ihre Reaktionen auf diesen Kontrast sind sehr verschieden. Der eine verhöhnt Jesus, der andere bittet Jesus, an ihn zu denken, wenn er in sein Reich kommt. Die Antwort ist majestätisch: »Amen, ich sage dir, heute noch wirst du mit mir im Paradies sein.« Der sterbende Jesus hat Macht über das ewige Schicksal. Wiederum scheint die Herrlichkeit des Gekreuzigten strahlend auf.

Es gibt noch weitere Beispiele des Glanzes, der aus der Dunkelheit der Passion hell aufstrahlt. Sie mindern zwar die Realität des qualvollen Leidens nicht, helfen uns aber, aus der rechten Perspektive über sie nachzusinnen, so daß wir die wesentliche, bleibende Einheit der beiden Seiten des österlichen Geheimnisses nie aus dem Auge verlieren. Wir betrachten ja nicht einfach die Passion Jesu, sondern wir betrachten das österliche Geheimnis, von dem die Passion ein wesentlicher Teil ist.

# Spuren der Passion in der Herrlichkeit

Auf der Auferstehungsseite des Paschageheimnisses sind die Spuren der Passion und des Todes verewigt und können nie mehr übersehen werden. Der Auferstandene trägt für immer an seinem verherrlichten Leib die Nagelwunden und die Narbe auf seiner Brust. Sie sind die Zeichen seiner Würde, die Embleme seiner Liebe bis zum äußersten. Sie strahlen gleich Juwelen. Das Buch der Geheimen Offenbarung (5,6) fängt dieses Paradox ein im Bild des Lammes mit der Schlachtwunde, das aber trotzdem aufrecht auf seinen Füßen steht.

In den meisten Erscheinungen des Auferstandenen vor seinen Jüngern während der vierzig Tage nach Ostern springen die Zeichen der Passion deutlich in die Augen. Die Einheit von Tod und Auferstehung steht immer in der Mitte der heilenden Begegnungen, wenn der verherrlichte Herr seine niedergeschlagenen Freunde tröstet. Zwei Erscheinungen veranschaulichen das sehr deutlich: die auf dem Weg nach Emmaus und die vor Thomas und den anderen Jüngern. In beiden Fällen finden wir das gleiche Grundmuster. Wenn wir darüber meditieren, stellen wir uns auf die Osterseite des Tunnels und sehen von diesem hellen, frohen Licht aus durch den Tunnel das Profil des Kreuzes. Gebe der Herr, daß wir daraus so viel Trost gewinnen, daß wir ihn großzügig mit vielen teilen können (vgl. 2 Kor 1,3–4).

*Von der Hoffnungslosigkeit geheilt*

Um der Botschaft des Evangelisten Lukas gerecht zu werden, müssen wir diesen Abschnitt (Lk 24, 13–35) in den Kontext des ganzen Evangeliums stellen, einschließlich der Apostelgeschichte. Es ist bekannt, wie der dritte Evangelist sein Evangelium als eine große Reise nach Jerusalem darstellt; die Apostelgeschichte weitet sie dann aus von Jerusalem über Judäa und Samaria bis zu den Enden der Erde. Jerusalem ist der Wendepunkt. Im Evangelium ist es die schicksalsträchtige Stadt: »Als die Zeit herankam, in der er aufgenommen werden sollte, entschloß sich Jesus, nach Jerusalem zu gehen. Und er schickte Boten vor sich her« (Lk 9, 51–52). In der Apostelgeschichte ist Jerusalem der Ausgangspunkt für die weltumspannende Sendung. Das Evangelium ist zentripetal, die Apostelgeschichte zentrifugal.

Darüber hinaus ist es interessant zu beachten, daß in beiden Büchern Maria am Anfang steht, als Mutter Jesu bzw. als Mutter der Kirche. »Der Engel antwortete Maria: Der Heilige Geist wird über dich kommen, und die Kraft des Höchsten wird dich überschatten. Deshalb wird auch das Kind heilig und Sohn Gottes genannt werden« (Lk 1,35). In Erwartung des Kommens des Geistes und der Geburt der Kirche »verharrten sie alle dort einmütig im Gebet, zusammen mit den Frauen und mit Maria, der Mutter Jesu, und mit seinen Brüdern« (Apg 1,14). Jerusalem ist der Ort des österlichen Geheimnisses, das sich zu Pfingsten vollendete: »Bleibt in der Stadt, bis ihr mit der Kraft aus der Höhe erfüllt werdet« (Lk 24,49).

Wenn wir genauer zusehen, erkennen wir, daß Jesu Weg in Wirklichkeit ein kleines Stück außerhalb der Stadt Jerusalem endete, und zwar in den Händen des Vaters: »Jesus rief laut: Vater, in deine Hände lege ich meinen Geist. Nach diesen Worten hauchte er den Geist aus« (Lk 23,46). Was Johannes in seinem Evangelium »die Stunde« nennt, stimmt weitgehend mit der geographischen Bezeichnung des Lukas überein. In der Sicht des letzteren steht Jerusalem für die Kirche, die aus Ostern geboren ist und in der das Paschageheimnis weiter unter uns lebt. »Tut dies zu meinem Gedächtnis.«

Diese Vorbemerkungen sollten uns genügend Hintergrund bieten, um fruchtbar über das nachzusinnen, was sich auf dem Weg nach Emmaus ereignete. Zwei Jünger gingen von Jerusalem in das Dorf Emmaus, und zwar *ehe* das Paschageheimnis vollendet war (vgl. 24,49). So waren sie auf der falschen Spur; oder genauer gesagt: wenn sie auch auf dem richtigen Weg waren, gingen sie doch in die falsche Richtung. Die Bewegung des Evangeliums weist noch immer *nach* Jerusalem, sie jedoch gehen von der Stadt weg. Sie sind wie Geisterfahrer. Sie haben die eindeutigen und gut sichtbaren Beschilderungen übersehen. Sie bilden für die anderen Menschen auf der Straße eine Gefahr. Einige Exegeten meinen, daß sie nicht nur verlorene Schafe sind, sondern auch verlorene Hirten.

Der oberste Hirt geht ihnen nach. Am großen Tag seiner Auferstehung sucht der Held des Tages nicht die große Menge und großen Zulauf, sondern nimmt sich still Zeit für zwei Menschen, die seiner Hilfe dringend bedürfen. Das ist die Weise des guten Hirten, der hundert Schafe hat und die neunundneunzig in der Wüste zurückläßt, um dem einen verlorenen nachzugehen, bis er es gefunden hat. Es ist die Ökonomie des Himmels, wo mehr Freude herrscht über einen Sünder, der umkehrt, als über neunundneunzig Gerechte, die der Umkehr nicht bedürfen (vgl. Lk 15, 4.7). »Ich habe dich beim Namen gerufen, du gehörst mir ... Du bist in meinen Augen teuer und wertvoll ... ich liebe dich« (Jes 43, 1.4). Jeden von uns!

Ein guter Hirt holt die Seinen dort ab, wo sie sich befinden. Diese beiden Jünger sind traurig. Sie sind noch in der Passion. Sie haben das Kreuz noch nicht hinter sich gelassen. Sie sind überhaupt nicht vorangeschritten; jetzt gehen sie sogar rückwärts, in die Regression. Die Enttäuschung von Kalvaria hat ihr Wachstum gelähmt. Seit ihre große Hoffnung zunichte gemacht wurde, hat es bei ihnen keine weitere geistige Entwicklung mehr gegeben.

Sie hatten an Jesus geglaubt. Hochherzig hatten sie sich ihm ganz überlassen und waren seine Jünger geworden. Sie hatten seinetwegen alles aufgegeben, gemäß dem herausfordernden Wort des Meisters: »Keiner von euch kann mein Jünger sein, wenn er nicht auf seinen ganzen Besitz verzichtet« (Lk 14,33). Sie hatten in ihm den Messias erkannt. Sie waren davon ergriffen, daß in Jesus das Reich Gottes angebrochen war, daß die Gefangenen in Freiheit gesetzt wurden und die Blinden das Augenlicht erhielten, wie Jesus in der Synagoge von Nazaret verkündet hatte. Ja, sie erwarteten alles von ihm, alles, was die Propheten angekündigt hatten.

Dann brach in Jesu Passion ihre ganze Welt zusammen. Sie waren enttäuscht, wirklich zerschmettert. Was war falsch gewesen? Nicht ihre hochgesteckte Erwartung, sondern die unrichtige Vorstellung darüber, wie diese Erwartung verwirklicht werden sollte. Und doch hatte Jesus eindeutig über sein bevorstehendes Leiden gesprochen, so wie die Propheten vor ihm und die Gottesknechtslieder, die gleichsam ein Abriß der Sendung Jesu sind. Doch sie hatten das alles überhört, oder sie hatten es gehört und gründlich verdrängt.

Diese Jünger hatten ehrgeizige, grandiose Pläne für das Gottesreich. Das war nicht schlecht, doch blieb in diesen Plänen kein Raum für das Kreuz. Und das war eine fatale Unterlassung.

Als das Kreuz dann kam, waren sie überhaupt nicht darauf vorbereitet. Ihr Glaube brach zusammen, und sie gaben auf. Leiden kann zu einer spirituellen Versuchung werden, ja sogar zu einer Quelle der Untreue, falls wir es nicht schaffen, es in unsere Beziehung zu Jesus zu integrieren. Es kann aber auch unseren Glauben und unsere Hingabe vertiefen, wenn wir ihm seinen angemessenen Platz in unserem Einssein mit Jesus zuweisen. In diesem letzten Fall »führt Gott alles zum Guten« (Röm 8,28), wie der hl. Paulus kühn feststellt. Wenn es uns gelingt, alles vor Gott zu bringen, gibt es im Evangelium keine Verluste.

Andererseits führen Leiden und Enttäuschungen leicht zu Trübsinn und Selbstmitleid, Bitterkeit und Untreue, wenn sie nicht Jesus anheimgegeben werden. Wenn wir sie festhalten, laufen wir Gefahr, uns selbst zu verhätscheln und Kompensationen zu suchen, die uns mehr und mehr unserer ersten Liebe verlustig gehen lassen (vgl. Offb 2,4). Wenn wir es nicht verstehen, das Kreuz in den richtigen Kontext zu stellen, können wir leicht der Kleinlichkeit und Oberflächlichkeit anheimfallen.

Diesen richtigen Kontext zu erkennen, ist genau das, wozu Kleopas und sein Gefährte nicht fähig waren. Das stürzte sie in Niedergeschlagenheit und war der Grund, weshalb sie aus der Gemeinschaft der Jünger auszogen. Dann kam der Auferstandene ihnen zu Hilfe. Zunächst ließ er sie über ihre Enttäuschungen sprechen. Sie überbieten einander im Eifer, das zu berichten, »was in diesen Tagen mit Jesus von Nazaret geschehen ist«, lassen jedoch am Ende ihrer beredten Liste von Ereignissen die Auferstehung aus. Und doch hätte gerade der Blick auf dieses Geschehen ihre Perspektive völlig verändert und ihre Niedergeschlagenheit verhindert.

Genau an diesem Punkt setzt Jesus an. Er läßt all die Fakten gelten, die ihnen so viel Kummer bereiten, stellt sie aber dann in den neuen Kontext. Jesus verneint nichts; er geht nur ein wenig darüber hinaus und verändert auf diese Weise das ganze Bild. Er verbindet die Passionsseite des Tunnels, wo die beiden Jünger stehen, mit der Osterseite, und sogleich bricht der Lichtstrom durch und verwandelt die Szene vollständig.

Das österliche Geheimnis integriert die grauenhafte Passion und macht sie fruchtbar: »Mußte nicht der Messias all das erleiden, um so in seine Herrlichkeit zu gelangen? Und er legte ihnen dar, ausgehend von Mose und allen Propheten, was in der gesamten Schrift über ihn geschrieben steht.« Das heilte die beiden Jünger. Ihre verzweifelten Herzen begannen zu brennen wie nie zuvor.

Sie drängten den Fremden, bei ihnen zu bleiben, da der Tag fast vorüber war. Aber als er ihren Augen entschwand, nachdem sie ihn beim Brechen des Brotes erkannt hatten, war es ihnen nicht zu spät, den ganzen Weg nach Jerusalem zurückzugehen zu den Jüngern, die sie verlassen hatten. Es drängte sie innerlich, sich der Gemeinschaft anzuschließen. So sehr sie auch darauf brennen, das zu erzählen, was ihnen begegnet war, müssen sie doch zuerst den elf Aposteln und ihren Gefährten zuhören: »Der Herr ist wirklich auferstanden und ist dem Simon erschienen.« Nun können auch sie berichten, was sich auf dem Weg zugetragen hatte. Das ist der Inbegriff von Kirche: den Glauben an den Auferstandenen miteinander teilen und einander helfen, alles in dieser Perspektive zu betrachten.

## Vom Starrsinn geheilt

An diesem selben Abend finden wir nach dem Johannesevangelium die Jünger hinter verschlossenen Türen versam-
melt, »aus Furcht vor den Juden« (20, 19–31). Die Frohe
Botschaft hat ihre Herzen noch nicht verwandelt. Sie haben
noch nicht jene tiefe innere Sicherheit, die sie brauchen, um
Zeugnis geben zu können. Sie wagen es noch nicht, hinaus-
zugehen und das Evangelium des auferstandenen Herrn zu
verkünden. Wie oft hat sich das in der Geschichte der
christlichen Gemeinde wiederholt: einzelne und Gruppen,
die sich aus Furcht eingeschlossen haben! Wie oft haben wir
selbst der Versuchung nachgegeben, uns nicht aus dem
Mauseloch zu wagen, weil wir Angst hatten!
Und dann steht der Auferstandene plötzlich mitten in ihrer
Furcht. Das ist typisch für Jesus: Er kam in unsere Mitte in
der Menschwerdung. Er stellte sich in die Mitte unserer
Sünde in äußerster Solidarität mit uns, als er zusammen mit
jenen die Taufe empfing, »die ihre Sünden bekannten und
sich von Johannes im Jordan taufen ließen« (Mt 3,6). Er ging
in die Mitte des Todes und teilte mit uns die letzte Einsamkeit, so daß wir ihm dort begegnen werden und am Ende
nicht mehr verloren sind. Er überwand die Sünde, er überwand den Tod, er überwand die Angst. Er ist unser Retter.
Zweimal grüßt Jesus die Jünger mit dem traditionellen jüdischen Gruß: »Shalom!« Wenn der Auferstandene jedoch
dieses Wort ausspricht, ist es kein gewöhnlicher Gruß mehr.
Es schenkt jenen Frieden, von dem er einst gesprochen hat
(Joh 14,27), den die Welt nicht geben und nicht nehmen
kann. Es ist der Friede, der die falsche Furcht vertreibt und
die aus Angst errichteten Barrieren durchbricht.
Jesus zeigt ihnen seine Hände und seine Seite; es ist die Geste, die diesen Frieden zum Ausdruck bringt: Der Auferstandene läßt sie die Male seiner Wunden schauen! In dieser
schlichten Geste offenbart er das ganze Pascha-Geheimnis:
Tod und Auferstehung in einem. Nichts vermag den Frieden des Gottesreiches besser zum Ausdruck zu bringen als
der Auferstandene, der die Narbe seiner Brust und die Male
der Nägel an seinem verherrlichten Leib zeigt.

Dann spricht Jesus dieses große Wort: »Wie mich der Vater gesandt hat, so sende ich euch.« Er übermittelt damit seinen Jüngern und uns das, was die Wesensmitte seines Lebens ausmachte: die Sendung, die der Vater ihm aufgetragen hat (vgl. Kap. 7). »Als er das gesagt hatte, hauchte er sie an« – einen jeden von ihnen, so dürfen wir es uns vorstellen, gerade so wie Gott den Lebensatem in den Lehm blies, den er geformt hatte, als er *ha´adam* schuf (Gen 2,7). Dabei »sprach Jesus zu ihnen: Empfangt den Heiligen Geist.« In diesem Geist erfüllte Jesus seine Sendung. Als Frucht dieser nun vollendeten Sendung kann Jesus uns den gleichen Heiligen Geist schenken, um uns fähig zu machen, unsere je eigene Sendung zu vollenden.

Die Vollendung der Sendung Jesu war die Vergebung unserer Sünden. Sein Name war Jesus, »denn er wird sein Volk von seinen Sünden erlösen« (Mt 1,21). Der Heilige Geist befähigt die Jünger, das gleiche zu tun: »Wem ihr die Sünden vergebt, dem sind sie vergeben; wem ihr die Vergebung verweigert, dem ist sie verweigert.« Das göttliche Hoheitsrecht ist der Gemeinde mitgeteilt. Es ist der Ursprung des Sakramentes der Versöhnung, Jesu Ostergeschenk an seine Kirche.

Diese Episode ist einzigartig in der Bibel. Der auferstandene Herr verleiht den Jüngern die Macht, Sünden zu vergeben. Gottes Liebe hat zwei Extreme, vergleichbar mit zwei Händen, die sich uns entgegenstrecken. Die eine Hand ist die Auferstehung: Gott läßt uns in unserem Sterben nicht im Stich, hält uns vielmehr fest, in unserem Tod und darüber hinaus. Die andere Hand ist die Vergebung: Gott läßt uns nicht fallen in unserer Schuld, sondern auch hier trägt uns die mächtige Hand der Liebe. Die beiden uns entgegengestreckten Hände berühren uns genau in jenen Extremsituationen, die wir aus eigener Kraft nicht bewältigen können: Tod und Schuld. Es macht die Schönheit dieses Abschnitts des Johannesevangeliums aus, daß sich hier diese beiden Extreme treffen: die Auferstehung und die Vergebung der Sünden.

Und doch fällt ein breiter Schatten auf dieses herrliche Ereignis des Osterabends: »Thomas, genannt Didymus (Zwilling), einer der Zwölf, war nicht bei ihnen, als Jesus kam.« Thomas weilt noch beim leidenden Jesus. Es mag sein, daß er die Passion früher als die anderen vorausahnte. Bei seinem scharfen Wahrnehmungsvermögen und seiner Intelligenz wurde es ihm klar, daß die Macht der herrschenden Gesellschaftsordnung zu groß war, als daß Jesus sie hätte überwinden können. Er sah voraus, daß Jesus sich auf eine Katastrophe hinbewegte. Er sah das Kreuz sich bereits am Horizont abzeichnen, als die anderen Apostel noch die außerordentliche Popularität ihres Meisters naiv genossen. Von da an welkt sein Enthusiasmus dahin, versandet sein Eifer, schrumpft seine Großmut. Der Idealist wird zum Pessimisten. Und als die Passion schließlich hereinbricht, ist seine Reaktion zwiespältig. Einerseits teilt er mit den anderen die intensive Enttäuschung und den tiefen Schmerz, andererseits beweist ihm die Kreuzigung, daß er mit seiner einsamen Meinung recht gehabt hat, und so ist er in seiner Auffassung bestätigt. Er war wohl wie die Emmausjünger in der Passion steckengeblieben und deshalb unfähig, auf die Freude der Auferstehung zuzugehen. Starrsinnig weist er das Zeugnis der anderen Zehn zurück.

Seine großtuerischen Worte und harten Forderungen zeigen, wie sehr er sich festgefahren hat. Sein Starrsinn ist kein Zeichen von Unempfindlichkeit, sondern vielmehr die Reaktion eines übersensiblen Menschen, der so tief enttäuscht ist, daß er hinter seiner Fassade von Sturheit Schutz sucht. In dieser unglücklichen Lage flüchtet er sich mehr und mehr in eine selbstverschuldete Einsamkeit. Diese wird noch größer, weil die anderen seine Unnachgiebigkeit nicht richtig interpretieren können.

Jesus verläßt ihn jedoch in seiner Krise nicht. Er wird ihn heilen, und zwar inmitten der Gemeinschaft der anderen Apostel. Dieser Punkt ist von großer Bedeutung. In der Kirche, die sein Leib ist, ist Jesus gegenwärtig, und durch sie handelt er. Als Thomas in der Gruppe ist, lädt Jesus ihn ein, seine Hände und seine Seite zu berühren, so wie er es in seiner starrsinnigen Isolierung gefordert hatte. Jesus verlangt von ihm nicht, seine Worte zurückzunehmen oder klein beizugeben. Er will ihn nicht beschämen. Der Auferstandene kennt keine Rachsucht. Jesus möchte ihn vielmehr aus seinem düsteren, selbstgezimmerten Gefängnis befreien und ihn hineinholen in die Freude und Weite der Auferstehung. Wie bei Kleopas und seinem Gefährten begegnet der gute Hirt dem in die Irre gegangenen Schaf, wo es festgefahren ist in der Passion. So läßt er Thomas die Wunden berühren. Dort fühlt sich Thomas zu Hause. Jesus sagt zu ihm: »Du hattest recht; die Kreuzigung kam tatsächlich. Es war schrecklich. Fühle es. Strecke deinen Finger aus, hier sind meine Hände! Streck deine Hand aus und leg sie in meine Seite! Alles ist grausam, wirklich. Ja, Thomas, du hast es richtig kommen sehen.«

Zum ersten Mal seit dem Karfreitag kann Thomas ruhig atmen. Die Spannung fällt von ihm ab. Hier ist endlich jemand, der ihn nicht in die Enge treibt und ihn nicht noch tiefer in seine qualvolle Isolierung stößt. Doch dieses Aufatmen ist nur das Vorspiel einer noch viel tiefergehenden Wandlung. Er entdeckt jetzt, daß die Zeichen der Kreuzigung, auf die er sich wie unter einem Zwang konzentriert hatte, in einem völlig unerwarteten Umfeld stehen. Sie gehören dem auferstandenen Körper. Sie teilen dessen strahlende Schönheit.

Für Thomas ist das der Durchbruch, der Ausbruch aus seiner Isolierung. Die Wunden gehören zum auferstandenen Leib; die Passion gehört in das Pascha-Geheimnis; sein eigener Schmerz ist hineingeholt in die Weite der Frohbotschaft. Er bricht aus seinem Gefängnis aus. Licht und Freude überströmen ihn. Sein Widerstand ist gebrochen. Mit glühender Überzeugung kann er nun sein Glaubensbekenntnis ablegen: »Mein Herr und mein Gott.« Wieder hat das Pascha-Geheimnis ein Opfer sturer Engstirnigkeit geheilt.

Die letzten Worte Jesu betreffen nicht nur Thomas, sondern sind für alle Gläubigen der johanneischen Gemeinde bestimmt und darüber hinaus für alle, die das Evangelium des Johannes durch alle Jahrhunderte hindurch lesen werden. Zwanzig Kapitel haben auf diesen Höhepunkt hingezielt. Im Matthäusevangelium finden wir acht Seligpreisungen. Johannes hat deren nur zwei. Die erste steht in der Mitte, nach der Fußwaschung. Es ist die Seligpreisung der Liebe: Selig seid ihr, wenn ihr tut, wie ich euch getan habe (vgl. Joh 13,17). Und mit seiner zweiten Seligpreisung beschließt Johannes sein Evangelium – die Seligpreisung des Glaubens: »Selig sind, die nicht sehen und doch glauben.« Um uns zu diesem Glauben zu führen, schrieb Johannes sein Evangelium: »Diese Zeichen sind aufgeschrieben, damit ihr glaubt, daß Jesus der Messias ist, der Sohn Gottes, und damit ihr durch den Glauben das Leben habt in seinem Namen.«

# 7. Teil

# DIE GABE DER DANK-BARKEIT

VIERUNDZWANZIGSTES KAPITEL

## Der Geber in der Gabe

### Dankbarkeit

Dankbarkeit[1] schafft eine positive Einstellung dem Leben gegenüber und erschließt eine frohe Art und Weise, Gott in allem zu finden. Dankbare Menschen sind angenehme Menschen, mit denen wir alle gern zu tun haben. Es sind Menschen, die das Leben glücklicher und reicher machen – ihr eigenes *und* das Leben anderer; Menschen, die auch unter schwierigen Umständen den Mut nicht verlieren, sondern ihr Herz wachsam halten gegenüber den finsteren Mächten, die uns in dunkle Tiefen ziehen möchten. Wenn einem Menschen die Dankbarkeit zur zweiten Natur geworden ist, braucht man sich um seine psychische Gesundheit keine großen Sorgen mehr zu machen. Man kann nicht dankbar und unglücklich zugleich sein. Andererseits können undankbare Menschen anderen das Leben verleiden; sie verbreiten eine erstickende Atmosphäre.

Im Evangelium lesen wir, daß Jesus ein dankbarer Mensch war. Er zeigte sich dankbar für die großen und kleinen Dinge des Lebens: für einen Becher Wasser von der Samariterin wie für die Freundschaft, die er bei Maria, Martha und Lazarus fand. Er sprach ein Dankgebet vor der Mahlzeit, aber auch vor der Auferweckung des Lazarus aus dem

173

Grab. Er dankte seinem Vater mit den Worten der Psalmen, aber auch spontan in eigenen Worten. Erfüllt vom Heiligen Geist, brachte er voll Freude seinem Vater Preis und Dank dar (vgl. Lk 10,21).

Er war dankbar für die Blumen des Feldes und die Vögel in der Luft, für die aufgehende Sonne und den niederströmenden Regen. Er verstand zutiefst, daß das Leben, jedes Leben, *sein* Leben Geschenk ist, und zwar ein Geschenk, das nicht ein für allemal gegeben wird, sondern Tag für Tag aufs neue. Er wußte, daß sein Vater ihn »seine Freude« genannt und an ihm Gefallen gefunden hatte (Mt 3,17).

Jesus versuchte, diesem Verhältnis immer zu entsprechen: Sein Leben war ihm von seinem Vater geschenkt, und er lebte es bis zur Fülle, indem er den Willen des Vaters tat. Das war die Speise, von der er lebte. »Meine Speise ist es, den Willen dessen zu tun, der mich gesandt hat, und sein Werk zu Ende zu führen« (Joh 4,34). Mit anderen Worten: Jesu Dankbarkeit war niemals unverbindlich, niemals nur ein Gefühl oder Lippenbekenntnis; sie bestimmte sein Leben.

In der jüdischen Tradition gibt es folgenden Ausspruch: »Wer in dieser Welt etwas genießt, sei es, was es will, ohne zuerst den Segen oder ein Dankgebet zu sprechen, macht sich einer Unaufrichtigkeit schuldig.« Dieser Spruch aus dem Talmud bezieht sich auf den Anfang des Psalms 24: »Dem Herrn gehört die Erde und was sie erfüllt.« Allein durch eine berakah (ein Segensgebet) empfängt ein Mensch das Recht, die Güter der Erde ehrlich zu gebrauchen; ohne einen solchen Segen ist ihr Gebrauch unlauter, betrügerisch. So kennt die jüdische Tradition viele berakot, auch für sehr profane Dinge. Darüber hinaus betet der Jude dreimal täglich: »Wir danken dir für deine Zeichen, die jeden Tag bei uns sind, und für deine Wunder in jedem Augenblick.« Viele Psalmen betonen die Dankbarkeit: Bring Gott Danksagung als Opfer dar; wer Opfer der Danksagung bringt, ehrt mich (vgl. Ps 50, 14.23). Maria und Josef haben den jungen Jesus in dieser Tradition erzogen. Sie haben ihn gelehrt, zuerst zu danken, ehe er etwas genießen durfte. Und Jesus war ein dankbarer Schüler. Er hat diese Belehrungen tief in

174

sich aufgenommen. In seinem öffentlichen Leben spüren wir, wie das Danken für ihn wirklich zur zweiten Natur geworden ist.

Nicht nur die jüdische, sondern auch die christliche Tradition hat einiges zu sagen über die Dankbarkeit. Seit vielen Jahrhunderten geht allen unseren Präfationen dieser Aufruf voran: »Laßt uns danken dem Herrn, unserem Gott«, und die meisten von ihnen beginnen mit den Worten: »In Wahrheit ist es würdig und recht, dir, Herr, heiliger Vater, allmächtiger, ewiger Gott, immer und überall zu danken.« Der ursprüngliche lateinische Ausdruck ist noch stärker: *gratias agere* – Dank tun. Dankbarkeit ist etwas, was wir tun, immer und überall.

Mitte und Höhepunkt unseres Betens und unserer Liturgie ist die Eucharistie. Das griechische Wort »Eucharistie« bedeutet Feier der Danksagung. An bestimmten Tagen beten oder singen wir im Gloria: »Wir rühmen dich und danken dir; denn groß ist deine Herrlichkeit.« Danksagung wird zur Anbetung. Danksagung ist nicht nur eine Sache der Zunge und des Kopfes, sondern auch des Herzens und der Hand; sie umgreift den ganzen Menschen.

Das Neue Testament spricht oft von Dankbarkeit. Ein Beispiel ist der Vers aus dem 2. Korintherbrief: »Alles tun wir euretwegen, damit immer mehr Menschen aufgrund der überreich gewordenen Gnade den Dank vervielfachen, Gott zur Ehre« (4,15). In diesem Abschnitt spricht Paulus über die vielen Schwierigkeiten und Prüfungen seines Apostolates. Er bejaht jede von ihnen aus einem doppelten Grund, der schließlich zu einem einzigen wird: das Heil des Volkes und die überreiche Danksagung. In seinem frühesten Brief schreibt Paulus kurz und bündig: »Dankt für alles; denn das will Gott von euch, die ihr Christus Jesus gehört« (1 Thess 5,18).

Ein Beispiel aus der späteren christlichen Tradition ist der Anfang eines Briefes des hl. Ignatius von Loyola an einen seiner ersten Gefährten, Simon Rodriguez:

In seiner göttlichen Güte erwäge ich – salvo meliori iudicio (vorbehaltlich eines besseren Urteils) –, daß unter allen vorstellbaren Übeln und Sünden die Undankbarkeit eines der vor unserem Schöpfer und Herrn und vor den Geschöpfen, die seiner göttlichen und ewigen Ehre fähig sind, am meisten zu verabscheuenden Dinge ist, weil sie Nichtanerkennung der empfangenen Güter, Gnaden und Gaben ist, Ursache, Ursprung und Beginn aller Sünden und aller Übel; und umgekehrt, wie sehr die Anerkennung und Dankbarkeit für die empfangenen Güter und Gaben sowohl im Himmel wie auf der Erde geliebt und geschätzt wird.[2]

### Bejahte Abhängigkeit

Dankbarkeit kann umschrieben werden als bejahte Abhängigkeit. Ein Synonym für Dankbarkeit ist Erkenntlichkeit; ich erkenne an, daß ich abhängig bin. Ihr Gegenpol ist der Hochmut, der uns glauben läßt, daß wir alles allein uns selbst verdanken. Dankbarkeit schließt ein, daß ich etwas empfangen habe und deshalb vom andern, der mir etwas gab oder für mich tat, abhängig bin und daß ich das anerkenne und ausdrücke. Einigen Menschen bereitet das große Schwierigkeiten. Macht man ihnen ein Geschenk, besteht ihre erste Reaktion darin, den Wert des Geschenkes abzuschätzen. Und in der nächsten Woche bekommt man ein Geschenk von ungefähr gleichem Wert oder lieber noch etwas teurer zurück: so ist das Gleichgewicht wiederhergestellt. Solche Menschen können es nicht ertragen, von jemandem abhängig zu sein.

Und doch habe ich alles, was ich habe und bin, von anderen empfangen: die Sprache, die ich spreche, das Haus, in dem ich wohne, die Freiheit, die ich genieße, mein Denken, mein Glaube – alles kommt von anderen zu mir. Dankbarkeit ist die Anerkennung, daß ich nicht der Ursprung meines eigenen Seins bin und alles dessen, was ich brauche, um zu sein. Dankbarkeit bejaht anerkennend, was andere für mich tun und bedeuten.

Wir müssen *lernen*, mit einem dankbaren Herzen zu leben; denn in einem jeden von uns liegt auch die Tendenz, alles

uns selbst zuzuschreiben oder es als selbstverständlich anzusehen. Von Anfang an wurde das jüdische Volk zur
Dankbarkeit angehalten. Im Deuteronomium lehrt Mose
die Israeliten:

> Nicht weil ihr zahlreicher als die anderen Völker wäret,
> hat euch der Herr ins Herz geschlossen und ausgewählt
> – ihr seid das kleinste unter allen Völkern –, sondern weil
> der Herr euch liebt (7,7).
> Dann nimm dich in acht und denke nicht bei dir: Ich habe
> mir diesen Reichtum aus eigener Kraft und mit eigener
> Hand erworben. Denk vielmehr an den Herrn, deinen
> Gott: Er war es, der dir die Kraft gab, Reichtum zu er
> werben, weil er seinen Bund, den er deinen Vätern ge
> schworen hatte, so verwirklichen wollte, wie er es heute
> tut (8, 17–18).
> Du sollst erkennen: Du bist ein halsstarriges Volk. Daher
> kann dir der Herr, dein Gott, dieses prächtige Land nicht
> etwa aufgrund eines Rechtsanspruches geben, damit du
> es in Besitz nimmst (9,6).

Im Neuen Testament finden wir ähnliche Aussagen, z.B.
wenn Paulus seine Korinther erinnert:

> Seht doch auf eure Berufung, Brüder! Da sind nicht viele
> Weise im irdischen Sinn, nicht viele Mächtige, nicht viele
> Vornehme, sondern das Törichte in der Welt hat Gott er
> wählt, um die Weisen zuschanden zu machen, und das
> Schwache in der Welt hat Gott erwählt, um das Starke zu
> schanden zu machen. Und das Niedrige in der Welt und
> das Verachtete hat Gott erwählt: das, was nichts ist, um
> das, was etwas ist, zu vernichten, damit kein Mensch sich
> rühmen kann vor Gott (1 Kor 1, 26–29).

Wir brauchen eine gewisse Reife, bis wir fähig werden, unsere Abhängigkeit anzuerkennen. Ein *Kind* freut sich an
einem Geschenk, ohne sich darum zu kümmern, wo es herkommt. Problemlos glaubt es an den Nikolaus oder den
Weihnachtsmann, solange die Geschenke an der richtigen
Stelle landen, d.h. bei ihm. Ein Kind muß lernen, etwas mit
der rechten Hand anzunehmen und danke zu sagen; von

sich aus tut es das nicht. Ebensowenig sagt ein Kind: »Das ist aber doch zuviel«; oder: »Das wäre doch nicht nötig gewesen«; oder: »Können Sie das wirklich erübrigen?« Das ist Sprache der Erwachsenen. Kinder lassen sich fraglos beschenken.

Der *Heranwachsende* hingegen ist sich wohl bewußt, woher die Dinge kommen, findet es aber schwer, diese Abhängigkeit anzuerkennen. Das führt nicht selten zu unausgeglichenem, ja sogar unfairem Benehmen, das andere wirklich schmerzen kann. Allerdings kann man die Pubertät nicht einfach nach Jahren messen. Eine Mentalität, die sich ausschließlich auf die Rechte konzentriert, die man hat, oder die schonungslos fordert, was nur in Freiheit gegeben werden kann, offenbart einen Mangel an Reife und erstickt die Dankbarkeit.

Ein *Erwachsener* hat sich mit seinen Begrenztheiten und seiner Abhängigkeit abgefunden und vermag deshalb alles mit dankbarem Herzen anzunehmen und anzuerkennen. Reife Dankbarkeit kann sich leicht zu einer religiösen Haltung entwickeln, die Gott als die Quelle alles Guten erkennt und ihm zu antworten sucht in Dienst und Hingabe. Der Erwachsene hat entdeckt und verinnerlicht, daß die höchsten Lebenswerte weder erworben noch gemacht werden können. Was unserem Leben Tiefe und Frieden gibt, ist weit mehr Geschenk als Leistung: Liebe, Glaube, Treue, Freundschaft, Vergebung, Friede, Vertrauen, Hoffnung, gute Gesundheit ...

In der »Betrachtung zur Erlangung der Liebe« am Ende der Geistlichen Übungen des hl. Ignatius wird der Exerzitant ermutigt, zu beten um »innere Erkenntnis von so viel empfangenem Guten, damit ich, indem ich es gänzlich anerkenne, in allem seine göttliche Majestät lieben und ihr dienen kann« (233). Das Bewußtsein der vielen empfangenen Gaben führt zu einem wirklichen Dienst des Herrn. Dankbarkeit beschränkt sich nicht auf Gefühle und Worte, sondern äußert sich auch in Taten. Um es noch einmal zu sagen: Diese Dankbarkeit des reifen Menschen muß jeder von uns lernen, einüben und praktizieren.

Dorothee Sölle sagt in ihrem Büchlein »fliegen lernen«, sie

habe sich dabei ertappt, in den letzten Jahren Gott so wenig gedankt und ihn kaum gelobt zu haben. Über ihren verschiedensten Aktivitäten schien die Dankbarkeit dahinzuschwinden. Es wurde ihr bewußt, welcher Verlust das war, und sie entschloß sich, von da an nicht zu Bett zu gehen, ohne Gott erst für drei konkrete Dinge des vergangenen Tages zu danken.

Ich kenne einen Mitbruder, der sich, angeregt von Dorothee Sölles Beispiel, ein Notizbüchlein kaufte und darin jeden Tag drei Dinge vermerkt, für die er dankbar ist. Dieses Büchlein ist für ihn eine große Hilfe, vor allem an schweren Tagen: das bloße Durchblättern der Seiten macht ihn froh.

Bruder David Steindl-Rast OSB[3] vermerkt in seinem Buch »Die Achtsamkeit des Herzens«: »Seit Jahren schreibe ich täglich in meinen Taschenkalender zumindest eine Sache, für die dankbar zu sein mir vorher noch nie in den Sinn kam. Meint vielleicht jemand, es sei schwer, jeden Tag einen neuen Grund zur Dankbarkeit zu finden? Es ist nie schwer. Oft kommen mir vier oder fünf Gründe in den Sinn. Ich kann mir gar nicht vorstellen, wie alt ich werden müßte, um den Vorrat merklich zu vermindern.«

## Dankbarkeit schließt Vertrauen ein

Wenn ich einem Menschen nicht vertraue, kann ich ihm gegenüber nicht wirklich dankbar sein. Wenn ich ein Geschenk erhalte und fürchten muß, daß es eventuell gestohlen worden ist, kann ich mich nicht wirklich daran freuen; vielleicht habe ich ja bald die Polizei auf dem Hals. Oder realistischer: Wenn mir jemand, zu dem ich kein Vertrauen habe, etwas schenkt, könnte ich denken: Jetzt gibt er mir das; doch, wetten wir, nächste Woche bittet er mich, das und das zu tun und übt mit seinem Geschenk Druck auf mich aus. Ich fühle mich dann nicht frei genug, die Bitte abzuschlagen. Ich bin gewissermaßen abhängig geworden von diesem Menschen. Schwingen diese Gedanken oder Gefühle in Kopf oder Herz mit, kann ich mich des Geschenkes nicht mehr richtig freuen.

Dankbarkeit feiert das Band, das den Schenkenden und den Beschenkten verbindet. Aber zuweilen ist das Band von einer Art, daß es nicht gefeiert werden kann. Gewissen Menschen traue ich einfach nicht genug, um von ihnen abhängig sein zu wollen.

Dankbarkeit besagt, daß ich jemanden in mein Leben eintreten lasse. Das früher häufiger gebrauchte Wort französischen Ursprungs, Präsent, deutet an, daß der Geber in meinem Leben präsent, anwesend, ist. Und das ist auch der eigentliche Grund des Geschenkes: Der Schenkende möchte dem Beschenkten gegenwärtig sein. Ein Geschenk wirklich annehmen heißt, den Schenkenden zulassen. So bringt mir z.B. ein guter Freund, der aus seinen Ferien in der Schweiz zurückkehrt, aus diesem Land ein Taschenmesser mit. Jedesmal, wenn ich es gebrauche, erinnere ich mich an ihn, und ich freue mich unserer Freundschaft. Das Geschenk macht mir den Freund gegenwärtig.

Das gelingt aber nur, wenn der Schenkende auch wirklich etwas von sich selbst in dieses Geschenk hineinlegt. Eine kleine Begebenheit, die ich vor einiger Zeit in einer Zeitschrift las, kann das verdeutlichen; sie ist, das gebe ich zu, etwas sentimental, aber auch sehr treffend: Eine ältere Frau, die in einem Altersheim wohnt, erhält jeden Donnerstag von ihrer weit entfernt wohnenden Tochter einen schönen Blumenstrauß. Die Mutter ist überglücklich und stellt die Blumen immer mitten auf den Tisch ihres Zimmers. Sie läßt die Tür offen in der Hoffnung, daß jemand die Blumen bemerken und über sie sprechen wird. Das bietet ihr dann Gelegenheit, von ihrer Tochter zu erzählen. An ihrem Geburtstag macht die Tochter die weite Reise, um den Tag mit ihr zu verbringen. Die Mutter dankt der Tochter in herzlichen Worten für ihre treue Aufmerksamkeit. Die Tochter wird ein wenig verlegen und verrät der Mutter, daß die Blumen einfach ein Dauerauftrag sind und alle drei Monate automatisch von ihrem Konto bezahlt werden. Als die Blumen am nächsten Donnerstag wie gewöhnlich ankommen, stellt die Mutter sie nicht mehr auf den Tisch, sondern auf den Schrank und läßt die Tür nur noch einen Spalt offen ...
Der Strauß ist nicht mehr so schön; er hat etwas von seiner

Bedeutung verloren, da die Gebende weniger anwesend ist in ihrer Gabe, als die Mutter angenommen hatte.

Es braucht nicht allein am Geber, es kann auch am Empfänger liegen, daß das Geschenk nicht ganz zum Zuge kommt, nämlich dann, wenn dieser ihm nicht die volle Aufmerksamkeit schenkt. Wer ein geschenktes Buch nur eben überfliegt und es dann für immer ins Regal stellt, ist nicht wirklich dankbar.

Dankbarkeit fordert, daß man sich Zeit nimmt. Achtlos an einem Geschenk vorbeizugehen, ist ein Zeichen von Undankbarkeit. Alles als selbstverständlich anzunehmen, erstickt jede Dankbarkeit.

Ein dankbarer Mensch lebt aufgeschlossener. Dankbarkeit öffnet das Tor zu echter Menschlichkeit; sie liegt jeder Kultur zugrunde. Dankbare Menschen schätzen die Vergangenheit und bemühen sich um die Zukunft.

# Gott in allem finden

## *Transparenz*

Kehren wir noch einmal kurz zum Beispiel des geschenkten Taschenmessers zurück und spinnen wir es ein wenig weiter, um zu einer wichtigen Einsicht zu kommen. Nehmen wir an, mein Freund und ich entfremden uns, und unsere Freundschaft geht in die Brüche. Jetzt kann ich zweierlei tun. Ich kann das Geschenk zurückschicken, so daß ich es nicht mehr sehe und nicht mehr gebrauchen kann. Ich kann das Problem aber auch einfacher lösen, mental, möchte ich sagen: Ich trenne dieses Geschenk in meinen Gedanken, in meinem Herzen vom Schenkenden; wenn ich es gebrauche, denke ich an nichts mehr. Zuerst war es ein Präsent, das den Geber in mir präsent machte; von jetzt an ist es nur noch ein Gegenstand, den man gut gebrauchen kann.

Das Beispiel (zugegeben, etwas weit hergeholt) veranschaulicht einen grundlegenden Unterschied in der Lebenseinstellung. Der Glaubende kann alles als ein Geschenk erleben, hinter dem ein Schenkender steht. Dinge, Situationen, Menschen tragen in sich Fülle und Reichtum und werden zum Zeichen der Güte des Gebers. Wir entdecken das Geheimnis in allem Seienden, seinen »tiefsten Grund«. Demgegenüber kann man Dinge und sogar Menschen auch auf eine geschäftsmäßige Weise sehen, sie nach ihrer Nützlichkeit und Brauchbarkeit beurteilen und es dabei bewenden lassen.

Wie die Dinge und Menschen sich geben, hängt weithin von unserer Einstellung zu ihnen ab. Wir können ihnen mit Ehrfurcht und einem gewissen Staunen gegenübertreten, so daß ihr innerstes Geheimnis gewahrt bleibt und der andere in ihnen erkannt und geehrt wird. Wir können sie auch ihrer Tiefe berauben, sie von ihren Wurzeln lösen und ihre Bedeutung herabmindern.

Erst in der Dankbarkeit heben Dinge und Menschen sich deutlich ab und kommen wirklich zu ihrem Recht. Erst in der Dankbarkeit bietet sich ihnen eine Chance, ganz sie selbst zu sein. Deshalb kann man sagen, daß Dankbarkeit eine realistische Lebenseinstellung ist. Sie gibt der Wirklichkeit ihre rechtmäßige Gestalt. Ein Mensch, der die Dankbarkeit nicht kennt, würgt die Wirklichkeit ab und nivelliert die Welt. Wer Dankbarkeit weder erfahren noch auszudrücken vermag, dem fehlt ein Grunderfordernis für seelische Gesundheit. Deshalb bemühen sich gewisse Psychiater, in ihren Patienten den Sinn für die Dankbarkeit zu wecken.

Wir wissen, daß es eine Zeit der Trauer braucht, um einen Verlust zu verarbeiten. Ähnlich braucht es Dankbarkeit, um das Positive zu verarbeiten und den Reichtum des Empfangenen aufzunehmen. Dank sagen vollendet das Geben. Ohne das Danken ist das Geben nicht ganz vollzogen. Es besteht dann die Gefahr, sich so sehr in die Sache zu verlieren, daß man den Geber darüber vergißt. Aszese ist wichtig, nicht zuerst, weil wir die Gaben mißbrauchen könnten, sondern mehr noch, um genügend Abstand zu halten. Nur dann werden wir fähig, den »Jenseitigen« in den Gaben zu erkennen und diese recht zu würdigen. Dankbarkeit schenkt dem Leben seine Tiefe und Perspektive; sie macht die Wirklichkeit licht und transparent. Durch die Dankbarkeit werden die Menschen und ihre Welt harmonischer.

Dankbarkeit heißt, die Dinge zurückzuführen zu dem Quell, aus dem sie entsprungen sind. Dankbarkeit erschließt den Zugang zum innersten Grund der Dinge. Allein so kann der Mensch in der Wirklichkeit verwurzelt, in seinem Sein befestigt werden. Ignatius nennt das: »Gott in allem finden«. Dankbarkeit verwandelt Dinge und Ereignisse in ein Stück des Mosaiks der Liebesgeschichte Gottes mit der Menschheit, in einen Moment der Heilsgeschichte. Alles, was ist, ist Gottes Geschenk. Der Allmächtige legt die göttliche Liebe in jeden Winkel und jedes Ritzchen der Schöpfung. Was ist, ist gegeben: es ist verliehen, um empfangen zu werden. »Die Liebe besteht in der Mitteilung von beiden Seiten«, sagt Ignatius (EB 231). Im Hohepriesterlichen Gebet sagt Jesus zum Vater: »Alles, was mein ist, ist dein, und was dein ist, ist mein« (Joh 17,10). Das drückt volles Vertrauen, bedingungslose Hingabe, Fülle der Liebe, vollkommenes Mitteilen aus.

## *Dankbarkeit richtet sich stets auf jemanden*

Wir alle kennen die Verlegenheit, die ein anonymes Geschenk auslöst. Es ist schön, mit einem Geschenk überrascht zu werden, und wir schätzen die Unaufdringlichkeit des Gebers, aber es ist frustrierend, ihm nicht danken zu können. Wir würden am liebsten jedem, der möglicherweise der Geber sein könnte, ein »Dankeschön« sagen, doch das würde wahrscheinlich unangenehme Situationen heraufbeschwören, da die Menschen denken könnten, wir erwarteten etwas von ihnen. So können wir unsere Dankbarkeit nicht zum Ausdruck bringen, und das ist peinlich.

In seiner Biographie über den hl. Franziskus sagt Chesterton, daß es der schrecklichste Augenblick für einen Atheisten sein muß, wenn ihn ein tiefes Gefühl der Dankbarkeit durchströmt und er nicht weiß, wem er danken soll.[1] Das muß eine ähnliche frustrierende Erfahrung sein, jedoch in größerem Maßstab.

Einer Institution gegenüber kann man schwerlich dankbar sein. Wohl gibt es so etwas wie anonyme Dankbarkeit. Wir können dankbar sein, daß wir in einem freien Land leben, dankbar für unsere Familientraditionen, für medizinischen Fortschritt, für den guten Geist in unserer Pfarrei oder Gemeinschaft, für unsere Erziehung und viele andere Gemeinschaftswerte. Wir sind uns bewußt, daß viele Menschen zu diesen Wohltaten beigetragen haben, wenn sie uns auch unbekannt sein mögen. Das ist anonyme Dankbarkeit. Aber sie kommt erst voll und ganz zur Geltung, wenn sie sich auf bestimmte Personen beziehen kann. Und wir glauben, daß es letztlich Gottes Liebe und Sorge ist, die in der Güte dieser Menschen Gestalt angenommen hat. Der Liebende, der zu seiner Geliebten sagt: Ich danke Gott, daß es dich gibt, hat recht. Unserer Dankbarkeit fehlt etwas, wenn sie sich nicht auf Gott hin ausstreckt.

Dankbarkeit bedeutet, zwischen sich und den Menschen und Dingen die richtige Verbindung fir halb ist sie eine reife Haltung. Dankbarkeit läßt n.... seits meines Eigenwertes bewußt sein und andererseits meiner Abhängigkeit. Dankbarkeit beinhaltet ein gesundes Selbstbewußtsein, ist jedoch gleichzeitig altruistisch, auf den anderen gerichtet. Egozentrik und Egoismus sind Erzfeinde jeder Dankbarkeit. Wer stets auf den eigenen Vorteil erpicht ist, wer sich ständig um das eigene Ich dreht, kann nie ein dankbarer Mensch werden. So ist auch der undankbar, der ganz in der Gabe aufgeht und darüber den Geber vergißt. Dankbarkeit heißt, daß ich den Mittelpunkt aller Dinge nicht in mir selber sehe, die Dinge nicht als selbstverständlich annehme, sondern als von Gott her kommend. Dankbarkeit sieht nicht andere Dinge, sondern sieht die Dinge anders. Sie vertieft unsere Aufgeschlossenheit und macht die Welt transparenter.

Es besteht eine gewisse Ähnlichkeit zwischen Dankbarkeit und Kunstsinn. Geschmack an der Kunst schenkt Freude und Genuß. Er läßt uns die Schönheit der Dinge verkosten. Ebenso die Dankbarkeit. Doch es gibt einen Unterschied. Die Freude des dankbaren Herzens ist tiefer und umfassender als der Kunstgenuß. Vielleicht können wir die Freude der Dankbarkeit Frieden nennen. Ist unsere Dankbarkeit auf Gott gerichtet, dann schenkt sie einen Frieden, wie ihn die Welt nicht geben kann.

Dankbare Menschen sind herrliche Menschen. Sie sind ein lebendiges Stück Frohbotschaft. Ich erinnere mich meines Besuches bei einer Frau in einem Pflegeheim. Sie litt seit zwölf Jahren an Multipler Sklerose. Sie saß in einem Rollstuhl, ihre linke Hand war vollständig gelähmt. Sie erzählte mir, daß sie sich zu Beginn ihrer Krankheit heftig dagegen gesträubt habe. Aber allmählich habe sie es gelernt, sich damit abzufinden und das Beste daraus zu machen. Im weiteren Verlauf unserer Unterhaltung begannen ihre Augen plötzlich zu strahlen, und sie sagte mit großer Überzeugung: »Pater, ich bin doch so dankbar, daß ich meine rechte Hand noch gebrauchen kann.« Das traf mich sehr tief. Vor mir öffnete sich ein Stückchen Himmel mitten im Elend.

Zugleich schämte ich mich, daß ich Gott so selten für meine beiden gesunden Hände gedankt habe. So einmalig diese Begegnung für mich war, so bin ich doch sicher, daß viele Menschen ähnliche Erfahrungen gemacht haben, vielleicht noch beeindruckendere.

Dankbarkeit setzt nicht herab, sondern läßt Dinge und Menschen zu ihrem vollen Recht kommen. Dankbare Menschen setzen auch sich selbst nicht herab. Die Haltung der Dankbarkeit und ein Minderwertigkeitskomplex passen nicht zusammen. Anthony de Mello sagt: »Es ist unvorstellbar, daß jemand dankbar und unglücklich sein könnte.«[2] Der Psychiater Albert Görres beobachtete die gleiche Widersprüchlichkeit: »Man kann nicht unzufrieden und dankbar zugleich sein.«[3] Wir stoßen hier wiederum auf die therapeutische Qualität der Dankbarkeit: Sie fördert Ganzheit. Menschen mit einem stark entwickelten Sinn für Dankbarkeit leiden wohl kaum unter geistigen und seelischen Störungen.

Maria ist dafür ein herrliches Beispiel. Ihr Magnifikat bezeugt ihr ausgesprochenes Selbstbewußtsein (Großes ist an ihr getan worden, alle Geschlechter preisen sie selig) und eine tiefe Anerkennung Gottes (der Allmächtige hat das an ihr getan, er vollbringt mit seinem Arm machtvolle Taten, sein Name ist heilig). Dankbarkeit ist nicht gefangen in Selbstgenügsamkeit und Eigendünkel; sie anerkennt vielmehr in allem die Quelle, die uns übersteigt.

Um das noch etwas praktischer zu erläutern: Stellen wir uns jemanden vor, der Erfolg hat und deshalb mit Ehre und Lob bedacht wird. Dieser Mensch könnte es mit Hochmut und Dünkel zu tun bekommen. Ganz zu Beginn seiner Selbstbiographie erwähnt Ignatius, wie er gegen diese Versuchung zu kämpfen hatte. Das eigentliche Problem ist jedoch nicht, daß man Anerkennung erfährt, sondern daß man sie bei sich enden läßt, anstatt sie auf ihre letzte Quelle zurückzuführen. Haben wir einmal unsere Erfolge und Auszeichnungen als von Gott kommend erkannt, können wir sie von Herzen und in Frieden genießen, ohne Stolz und Prahlerei.[4] Wie schon gesagt, lehrt uns Dankbarkeit die richtige Perspektive und ein gesundes Gleichgewicht; in diesem Fall hieße das, bescheiden und gleichzeitig glücklich zu sein.

Dankbarkeit verlangt eine gewisse Distanz. Gehe ich ganz in der Gabe auf, ist mir der Geber aus dem Sinn geschwunden. Hänge ich versklavt an irgend etwas, bin ich weder frei genug, um aufrichtig dankbar dafür zu sein, noch vermag ich es wirklich zu genießen. Auch für das, was uns aufgedrängt wurde, können wir nicht wirklich dankbar sein. Umgekehrt schafft Dankbarkeit einen gewissen Abstand, der uns davor bewahrt, von dem, was wir empfangen, erdrückt zu werden. Das ist eine weitere heilsame Frucht der Dankbarkeit.

Dankbarkeit heißt, daß ich nicht nur der Gabe und dem Geber Aufmerksamkeit schenke, sondern auch dem Geben. Ein dankbarer Mensch ist achtsam und aufmerksam. Dankbarkeit ist das Maß unserer Lebendigkeit. Seneca drückt es so aus:

> Undankbar ist der, der verneint, daß ihm eine Freundlichkeit erwiesen worden ist;
> undankbar ist der, der das verheimlicht;
> undankbar ist der, der dem nicht entspricht;
> am undankbarsten von allen ist der, der es vergißt.[5]

Vergessen *kann* schlimm sein, *braucht* aber nicht schlimm zu sein. Zuweilen ist es harmlos und zufällig. Doch es gibt auch ein Vergessen als Folge einer egozentrischen Lebenseinstellung, einer Abhängigkeit, Fixierung oder Blockade. Es kann z.B. die Folge einer Verdrängung oder Projektion sein. Gewissen Menschen gegenüber können wir nicht wirklich dankbar sein, weil wir sie nicht in unser Leben einlassen.

Vergessen werden kann hart sein. Nach dem Alten Testament ist es das Schlimmste, was man einem Menschen antun kann, ihn zu vergessen. Der Psalmist betet zu Gott: »Werden deine Wunder in der Finsternis bekannt, deine Gerechtigkeit im Land des Vergessens?« (Ps 88,13).

Das Verdrängte anzuerkennen, hat therapeutischen Wert. Hier kommt wieder die Dankbarkeit ins Spiel. Sie kann gesundend wirken. Sie ist heilsam, wie wir in jeder Präfation beten. Für einen undankbaren Menschen ist alles Pflicht und Last, Zwang und Verhängnis, Bedrängnis und Unheil.

Die Dankbarkeit bietet eine andere Perspektive. Sie schafft Raum und öffnet einen Weg in die Wahrheit.

## Das Gedächtnis des Herzens

Ein dankbarer Mensch gedenkt der Unabhängigkeit seines Landes und jener, die dafür ihr Leben opferten. Er denkt an den Geburtstag geliebter Menschen, an den Jahrestag einer Hochzeit oder einer bedeutungsvollen Begegnung und an den Todestag eines teuren Freundes. Ein dankbarer Mensch feiert die »magnalia Dei«, Gottes wunderbare Taten, vor allem den Tod Jesu in Verbindung mit seiner Auferstehung. Eucharistie ist Gedenken, das zum Danken wird (vgl. Joh 14,26).

»Selig, die ein reines Herz haben; denn sie werden Gott schauen« (Mt 5,8). Dem ungeteilten Herzen werden Dinge, Situationen und Menschen transparent; es sieht durch sie hindurch bis auf den »tiefsten Grund«. Es erkennt das Geheimnis in allem, was ist, im letzten die Liebe unseres Vaters im Himmel. Das reine Herz ist nicht habgierig oder versklavt, es reißt nichts an sich; es verzettelt sich nicht, kennt keinen Überdruß; es sieht weiter als nur auf den bloßen Nutzen oder den eigenen Vorteil; es ist nicht fixiert auf Leistung oder Erfolg. Das reine Herz macht es so viel leichter, ein dankbares Leben zu führen, auch ein Leben des Gebetes, das Gott in allem am Werk sieht (vgl. Joh 5,17).

In der Sprache der Bibel deutet das Herz die tiefe, eigentliche Wirklichkeit des Menschen an im Gegensatz zum trügenden Schein. Das Herz ist der geheimnisvolle Quell unserer Lebenskraft. »Mehr als alles hüte dein Herz; denn von ihm geht das Leben aus« (Spr 4,23). Vor allem lebt im Herzen die Fähigkeit zu lieben, die uns mit dem Ursprung alles Geschaffenen vereint. Das Herz besitzt eine unauslotbare Tiefe, die der schöpferischen Liebe Gottes selbst verwandt ist. Für jeden Menschen ist es eine vorrangige Aufgabe, den Weg zum eigenen Herzen zu finden. In diesem Bemühen ist die Dankbarkeit ein treuer Verbündeter.

Im ersten Kapitel des Lukasevangeliums singt Maria ihr

Magnifikat, das Hohelied der Dankbarkeit (1,46–55). Unmittelbar zuvor sprach sie ihr »Fiat« (1,38). Zwischen beiden besteht eine enge Verbindung. Wer nicht den Mut zur Hingabe hat, kann niemals dankbar sein. Umgekehrt befähigt die Dankbarkeit dazu, sich anzuvertrauen. Hingabe und Dankbarkeit stehen miteinander in Wechselbeziehung und stärken einander. In der Schlußmeditation der Geistlichen Übungen des Ignatius bitten wir um die Gnade »innerer Erkenntnis von so viel empfangenem Guten«, und diese Meditation mündet ein in das Gebet der Hingabe: »Nimm hin, o Herr, meine ganze Freiheit ...« (233–234).

In gleicher Weise umfaßt die Eucharistie beides, Dankbarkeit und Hingabe. Letztlich heißt Dankbarkeit: wiederlieben mit derselben Liebe, mit der wir geliebt werden. Dankbarkeit für das Empfangene bricht uns auf für das, was wir zu tun haben, ohne Anmaßung und ohne Kleinmut. Dankbarkeit beinhaltet Empfänglichkeit, doch niemals Passivität. Sie ist nie unverbindlich, niemals nur eine Höflichkeitsfloskel. Dankbarkeit macht die Gabe zur Aufgabe, macht bereit zum Tun, nicht im Sinn von Leistung oder um mit jemandem »quitt zu werden«, sondern vielmehr, damit die Gabe Frucht trage.

Viel gibt es in dieser Welt, wofür wir nicht danken können und nicht danken sollen. Leiden und Ungerechtigkeit sind ein Aufruf an uns, geduldig und unermüdlich für eine bessere Welt zu arbeiten. Für diese schwierige Aufgabe sind dankbare Menschen am besten vorbereitet, besser als deren ärgerliche oder fanatische Kollegen. Überdies werden dankbare Menschen rascher entdecken und zugeben, daß es das Böse auch in uns selbst gibt als eine fünfte Kolonne. Das führt zu einer anderen Haltung. Dankbar glauben wir, daß wir in diesem Kampf gegen das Böse um uns und in uns Werkzeuge in Gottes Hand und Jesu Mitarbeiter sind. Dankbarkeit macht uns tiefer bewußt, daß wir mit Gott vereint sind und läßt seine volle Herrlichkeit deutlicher hindurchstrahlen.

# Anhang

In einer Rechenschaft über ihre Jahresexerzitien schrieb die hl. Thérèse Couderc am 26. Juni 1864:

Was ist nun Selbsthingabe? Ich verstehe wohl die volle Bedeutung des Wortes Selbsthingabe, vermag sie aber nicht zu artikulieren. Ich weiß nur, daß sie sehr umfassend ist, daß sie die Gegenwart und die Zukunft einschließt.

Selbsthingabe ist mehr als sich jemandem widmen, mehr als das Ich weggeben, es ist sogar mehr, als das Ich Gott zu eigen zu geben. Selbsthingabe meint, allem zu sterben, dem Ich zu sterben, sich nicht länger um das Ich zu sorgen, sondern es immer auf Gott hingerichtet halten.

Selbsthingabe, um es nochmals zu sagen, meint, sich selbst nicht mehr in irgend etwas zu suchen, weder spirituell noch physisch, das heißt, nicht länger nach Selbsterfüllung Ausschau halten, sondern allein nach Gottes Wohlgefallen.

Es muß noch hinzugefügt werden, daß Selbsthingabe auch jener Geist der Losschälung ist, der nichts bevorzugt, weder Menschen noch Dinge, weder Zeit noch Ort, sondern allem treu bleibt, alles annimmt, sich allem unterwirft.

Nun könnte man meinen, das sei sehr schwer. Das ist falsch: nichts ist so leicht zu tun und nichts so angenehm zu üben. Alles besteht darin, ein für allemal in aller Aufrichtigkeit des Herzens einen großzügigen Akt zu setzen mit den Worten: »Mein Gott, ich will ganz und gar dein sein, nimm mein Opfer gnädig an.« Alles ist nun gesagt und getan. Von jetzt an muß man achtsam sein, in diesem Seelenzustand zu bleiben und nicht zurückschrecken vor einem kleinen Opfer, das der Zunahme der Tugend dienen kann. Man muß sich diesen Akt der Hingabe ins Gedächtnis zurückrufen.

Ich bitte unseren Herrn, allen jenen, die Ihm gefallen

möchten, ein Verständnis dieses Wortes zu schenken und sie anzuregen durch ein solch einfaches Mittel der Heiligung. Oh, könnte es vorher verstanden werden, welche Süße und welcher Friede verkostet wird, wenn man dem guten Herrn gegenüber keine Einschränkung macht! Wie Er sich der Seele mitteilt, die ihn aufrichtig sucht und der es gelang, sich selbst aufzugeben! Möchte ein jeder es versuchen und sehen, daß wahres Glück anderswo vergebens gesucht wird.

Die hingegebene Seele hat das Paradies auf Erden gefunden, da sie jenen süßen Frieden genießt, der zur Glückseligkeit der Erwählten gehört.[1]

# Anmerkungen

Soweit nicht anders vermerkt, sind die Stellen aus der Heiligen Schrift der Einheitsübersetzung entnommen (Stuttgart, Katholische Bibelanstalt, Stuttgart 1980). JB bedeutet Jerusalemer Bibel. EB verweist auf: Ignatius von Loyola, Geistliche Übungen und erläuternde Texte, übersetzt und erläutert von Peter Knauer SJ, Styria Verlag, Graz, ³1988.

## ERSTES KAPITEL (S. 9–18)

[1] Friedrich Rückerts Werke in sechs Bänden, hrsg. von Ludwig Laistner, Stuttgart, J.G. Gotta'sche Buchhandlung, 1896, I, S. 11. Der Text wurde vertont von Robert Schumann, Liederkreis »Myrten«, op. 25. Man findet ihn beispielsweise auch in Douliez, Paul/ Engelhard, Hermann: Das Buch der Lieder und Arien, München, 1956, S. 224f.
[2] Parochial and Plain Sermons in 8 Volumes, London and New York, 1907, Longman, Green, and Co., III, Sermon 9; April 5, 1835, p. 124f.
[3] Widerstand und Ergebung, hrsg. von Eberhard Bethge, München und Hamburg, Siebenstern Taschenbuch Verlag, ⁶1970, S. 179.
[4] Theologische Gebete, Frankfurt, Josef Knecht Verlag, 1960, S. 14.
[5] The Song of the Bird, Anand, India, Gujarat Sahitya Prakash, 1982, p. 144f; deutsche Übersetzung von Ursula Schottelius: Warum der Vogel singt, Freiburg, Herder, 1984, S. 86f.

## ZWEITES KAPITEL (S. 19–24)

[1] In gewisser reformatorischer Theologie, z.B. in der Schule von Karl Barth und in der »Bekennenden Kirche« wird Religion – als Gegensatz zum Glauben – grundsätzlich so gesehen. Dietrich Bonhoeffer sucht dann auch konsequent nach einem »nicht-religiösen Christentum«.
[2] Z.B. Augustinus: Cor incurvatum in seipsum – ein in sich verschlossenes Herz; Bonaventura: Libertas recurvata in seipsam – auf sich beschränkte Freiheit; Martin Luther: Homo incurvatus in seipsum – ein um sich kreisender Mensch.

## DRITTES KAPITEL (S. 25–31)

[1] Ein Beispiel aus dem Sondergut des Matthäus-Evangeliums sei noch erwähnt. Im Gleichnis vom königlichen Hochzeitsmahl (Mt 22, 1–14; Lk 14, 15–24) werden, nachdem die eingeladenen Gäste sich weigern zu kommen, die Leute von der Straße geholt und in den Festsaal geführt. Als

der König dann unter den Gästen einen Mann ohne Hochzeitsgewand entdeckt, wird er sehr zornig und wirft ihn mit gebundenen Händen und Füßen hinaus in die äußerste Finsternis. Wenn man das Gleichnis vordergründig deutet, ist dieses Verhalten des Königs unlogisch und ungerecht. Das hochzeitliche Gewand kann aber sinnvoll verstanden werden als ein Bild für die innere Umkehr, die unbedingt von jedem gefordert wird, der zum Fest der Vereinigung mit Gottes Sohn erscheint, und wofür man nicht erst noch einmal nach Hause zu gehen braucht.

[2] Should Anyone Say Forever, Chicago, Loyola University Press, [2]1977, p. 21–23.

### VIERTES KAPITEL (S. 32–40)

[1] In dieser Interpretation geht der Evangelist über die wörtliche Übersetzung des Namens Jesu oder Joshua, was »Gott rettet« meint, hinaus und spitzt seine Bedeutung zu auf Rettung, Erlösung »von den Sünden«. Jesus steht nicht einfach für Erlösung im allgemeinen, sondern im besonderen für Erlösung von unseren Sünden. In Übereinstimmung mit dieser Deutung läßt Matthäus Jesus sagen: »Ich bin gekommen, um die Sünder zu rufen, nicht die Gerechten« (Mt 9,13).

[2] Nach einer Idee von Bischof Paul Van den Berghe von Antwerpen, Belgien.

[3] Maurice Blondel, L'Action (1893), Paris, Presses Universitaires de France, 1950, p. 330f; deutsche Übersetzung von Robert Scherer: Die Aktion (1893), Freiburg/München, Verlag Karl Alber, 1965, S. 356f.

[4] Vgl. Andre Louf, OCSO, Inspelen op Genade, Tielt, Lannoo, 1983, S. 194–196.

### FÜNFTES KAPITEL (S. 41–47)

[1] Tolstoi erzählt eine Legende, in der Gott einen Engel aussendet mit dem Auftrag, das kostbarste Ding, das er auf Erden finden kann, in den Himmel zu bringen. Der Engel überlegt sorgfältig, wie er diesem Auftrag gerecht werden kann. Schließlich entscheidet er sich, Tränen der Reue in den Himmel mitzunehmen. Gott lobte ihn sehr dafür.

[2] Es ist aus einem Oratorium genommen, Vigiles de St. Ignace, 1991 dargeboten anläßlich des ignatianischen Jubiläums 1990/91. Der Text stammt von Didier Rimaud SJ; die angeführte Stelle bezieht sich auf EB 53.

[3] Communio 13 (1984), S. 442.

[4] Der Spanische Rosenstock, Tübingen, Rainer Wunderlich Verlag, [1]1940, [26]1957, S. 59.

## SECHSTES KAPITEL (S. 49–53)

[1] Ein gutes Beispiel ist Hagars Flucht in die Wüste (Gen 16), wie im Kapitel 1 beschrieben. Im Vers 7 wird gesagt: »Der Engel des Herrn fand Hagar an einer Quelle in der Wüste ...«; ohne ausdrücklichen Übergang heißt es in Vers 13: »... den Herrn, der zu ihr gesprochen hatte ...

[2] II, A 2.

[3] Sekretariat der Deutschen Bischofskonferenz, 1991, S. 8.

[4] Apostolicam Actuositatem, 2.

[5] Meditations and Devotions of the late Cardinal Newman, New York and London, Longmann, Green and Co., 1907, p. 301; eine deutsche Übersetzung von Dr. M. Laros findet man in: Gott und die Seele, Mainz, Matthias Grünewald Verlag, 1937, S. 21–22.

## SIEBTES KAPITEL (S. 54–62)

[1] St. Thérèse Couderc (†1885) verbreitet sich über diese Haltung, die sie Selbsthingabe nennt, in einem Text, der im Anhang dieses Buches zu finden ist.

[2] Uomini di pace e di riconciliazione, Roma, Edizioni Borla, 1985, 6. Meditatione. Deutsche Übersetzung von Radbert Koolhaas: Tun, was Er will, Freiburg, Herder, 1987, S. 74-85.

[3] Vgl. Piet van Breemen SJ, Mein Name in seiner Hand, Echter, Würzburg 1979, S. 50.

[4] 11. Febr. 1544; deutsche Übersetzung: Ignatius von Loyola, Das Geistliche Tagebuch, hrsg. von Adolf Haas SJ und Peter Knauer SJ, Freiburg, Herder, 1961, S. 150.

[5] Martha Zechmeister IBMV, Mystik und Sendung, Würzburg, Echter Verlag, 1985, S. 100.

## ACHTES KAPITEL (S. 63–70)

[1] Darkness in the Marketplace, Notre Dame, Indiana, Ave Maria Press, 1981, p. 39–53, vor allem p. 48–50.

[2] Dieser Text ist von Anthony de Mello SJ, The Song of the Bird, p. 182f; deutsche Übersetzung: Warum der Vogel singt, S. 103; vgl. Anm. 5 zum ersten Kapitel. Eine andere Version derselben Geschichte findet man bei Rabindranath Tagore in Fruit-Gathering, Collected Poems and Plays of Rabindranath Tagore, New York, The Macmillan Company, [12]1967, p. 149.

## NEUNTES KAPITEL (S. 71–78)

[1] Ich benutze eine anonyme Meditation, auf die ich einmal gestoßen bin. Trotz Bemühungen konnte ich den Autor nicht ausfindig machen.

[2] Bernardin Schellenberger OCSO, Nacht leuchtet wie der Tag, Freiburg, Herder, 1981, S. 12.

## ZEHNTES KAPITEL (S. 79–85)

[1] Rabindranath Tagore, Collected Poems etc., p. 146; vgl. Anm. 8–2.

[2] Henri J.M.Nouwen, Lifesigns – Intimacy, Fecundity, and Ecstacy in Christian Perspective, Garden City, N.Y., Doubleday, 1986, p. 65; deutsche Übersetzung von Renate Hegemann: Im Haus des Lebens – Von der Angst zur Liebe, Freiburg, Herder, 1986, S. 58.

[3] De Consideratione, I, II, 3; PL 182, 730f; deutsche Übersetzung: Aus der Abhandlung »De Consideratione« an den sel. Papst Eugen III. († 1153) von Bernhard von Clairvaux, hsg. von B.Schellenberger, Olten, Walter Verlag, 1982, S. 74f.

## ELFTES KAPITEL (S. 86–93)

[1] Henri Nouwen, The Genesee Diary – Report from a Trappist Monastery, Garden City, N.Y. Doubleday, 1976, p. 12 (Saturday June 8) and p. 60 (Saturday July 20); deutsche Übersetzung von Trappistinnen und Trappisten: Ich hörte auf die Stille – Sieben Monate im Trappistenkloster, Freiburg, Herder, 1979, S. 24 (8.6.74) und S. 72f (20.7.74).

[2] Schreiben der deutschen Bischöfe über den priesterlichen Dienst, 24. Sept. 1992, S. 15.

[3] Collected Poems etc., p. 141; vgl. Anm. 8-2.

## DREIZEHNTES KAPITEL (S. 100–107)

[1] Scintillae Ignatianae, Wien, 1705; Regensburg, Pustet, 1919, S. 2.

## VIERZEHNTES KAPITEL (S. 108–109)

[1] Diese Geschichte kann apokryph sein. Mein Versuch, sie in franziskanischen Quellen zu orten, schlug fehl.

## FÜNFZEHNTES KAPITEL (S. 111–117)

[1] Ohne Quellenangabe zitiert in: Chaim Potok, The Book of Lights, New York, Fawcett Crest, 1982, p. 104.

[2] Sermo 52, VI, 16; PL 38, 360.

[3] Die sel. Elisabeth von der Dreifaltigkeit († 1906) war tief ergriffen, als sie »ihren neuen Namen« im Epheserbrief entdeckte (1,6.12.14). Danach nannte sie sich mit Vorliebe »Laudem Gloriae« – »Lob seiner Herrlichkeit«. Sie richtete damit ihre Aufmerksamkeit auf einen wesentlichen Aspekt unserer Beziehung zu Gott.

[4] Hier ist wiederum der Text von St.Thérèse Couderc erläuternd; siehe Anhang.

## SECHZEHNTES KAPITEL (S. 118–122)

[1] Vielleicht ist irgendwo Tag – Aufzeichnungen, Freiburg – Heidelberg, F.H. Kerle Verlag, [3]1981, S. 205f (11. Aug. 1972).

## SIEBZEHNTES KAPITEL (S. 123–128)

[1] Deutsche Übersetzung, hrsg. von Emmanuel Jungclaussen, Aufrichtige Erzählungen eines russischen Pilgers, Freiburg, Herder, [6]1976, S. 50.
[2] Wilkie Au SJ, By Way of the Heart – Toward a Holistic Christian Spirituality, New York-Mahwah, Paulist Press, 1989, p. 90.
[3] Adversus Haereses IV, 20,7; PG 7, 1037.
[4] Ibid., siehe Anm. 7–4; deutsch: S. 202–209.
[5] 3. Hauptteil, Nr. 288.

## ACHTZEHNTES KAPITEL (S. 129–135)

[1] Einige Wochen später, am 30. März 1984, starb er nach kurzer Krankheit in Innsbruck. Der Text ist zu finden in Herder Korrespondenz 38/5, Mai 1984, S. 224–230; in den nächsten Abschnitten wird mehrere Male darauf zurückgegriffen.
[2] In: Rudolf Walter (Hsg.), Die hundert Namen Gottes, Freiburg, Herder, 1985, S. 150.
[3] Ibid.; siehe Anm. 16–1, S. 199f (18. Juli 1972).
[4] Siehe die Kapitel 21–23 dieses Buches.

## NEUNZEHNTES KAPITEL (S. 136–140)

[1] Die fünf Bücher der Weisung, Köln, Jakob Hegner Verlag, 1954, S. 158.

## ZWANZIGSTES KAPITEL (S. 141–148)

[1] Vgl. Jean Lafrance, La Prière du Coeur, Paris, [2]1980, p. 56 und 76.
[2] Deutsche Übersetzung von Anton Graf Knyphausen, Zeichen am Weg, München-Zürich, Knaur Verlag, 1965, S. 93; Unterstreichung von Hammarskjöld.
[3] Leonardo Boff, Zärtlichkeit und Kraft – Franziskus mit den Augen der Armen gesehen, Düsseldorf, Patmos Verlag, 1983, S. 185.

## EINUNDZWANZIGSTES KAPITEL (S. 149–156)

[1] Waltraud Herbstrith OCD, Das wahre Gesicht Edith Steins, Bergen-Enkheim, Verlag Gerhard Kaffke, [2]1972, S. 44.

² Bis 1990 war diese Taufe nicht bekannt, außer der Frau, die das Sakrament gespendet hatte. Dann offenbarte sie ihr Geheimnis. Vgl. Jürgen Kuhlmann, Gültig getauft – Neues über Simone Weil, in Geist und Leben 63 (1990), S. 39–42.

³ Frankfurt/Main, Josef Knecht Verlag,1957.


## VIERUNDZWANZIGSTES KAPITEL (S. 173–181)

¹ Die beiden letzten Kapitel sind die Überarbeitung eines Nachtrages zu der DDR-Ausgabe meines Buches »Wie Brot, das gebrochen wird«, Leipzig, Benno Verlag, 1987, S. 158–174. Vgl. auch den Artikel in »Geist und Leben« 65, ⁴1992, S. 258–269.

² 18. März 1542; MI I, Epist. I, S. 192f; deutsche Übersetzung von Peter Knauer SJ in Ignatius von Loyola, Briefe und Unterweisungen, Würzburg, Echter Verlag, 1993, S. 68.

³ Die Achtsamkeit des Herzens – Ein Leben in Kontemplation, München, Goldmann Verlag, 1988, S. 85 (deutsche Erstveröffentlichung).


## FÜNFUNDZWANZIGSTES KAPITEL (S. 182–189)

¹ St. Francis of Assisi, London, Hodder, 1960, p. 92f.

² Wellsprings, Anand, India, Gujarat Sahitya Prakash, 1984, p. 26; deutsche Übersetzung von Mathilde Wieman: Daß ich sehe, Freiburg, Herder, 1985, S. 26.

³ Geist und Leben 29 (1956), S. 289.

⁴ In seinem langen Brief an Sor Teresa Rejadella OSB vom 18. 6. 1536 lehrt Ignatius sie u.a. die falsche Demut zu überwinden: »Wenn Ihr gut schaut, versteht Ihr gut, daß dieses Verlangen, Christus unserem Herrn zu dienen, nicht von Euch ist, sondern vom Herrn gegeben. Und wenn Ihr so sprecht: ›Der Herr gibt mir das gesteigerte Verlangen, eben diesem Herrn zu dienen‹, lobt Ihr ihn, denn Ihr macht seine Gabe bekannt. Und Ihr rühmt Euch in ihm selbst (vgl. 1 Kor 1,30; 2 Kor 10,17ff), nicht in Euch, denn Ihr schreibt Euch jene Gnade nicht selbst zu.« Siehe: Ignatius von Loyola, Briefe und Unterweisungen, S. 25; vgl. Anm. 24–2.

⁵ De Beneficiis, III,1.


## ANHANG (S. 191–192)

¹ Annales de la Congrégation de Notre Dame du Cénacle, Vol.IV, 1856-65, p. 151 s.

# Gott im Alltag

Martin Jilesen / Jochen Jülicher
*Mit Gott unterwegs*
Exerzitien im Alltag

110 Seiten, 6 Schwarzweißabbildungen, Broschur. ISBN 3-429-01739-4.

Immer wieder halten wir auf unserem Lebensweg inne, sei es, daß wir uns besinnen wollen oder auch, weil ein unerwartetes Ereignis uns dazu drängt.
Fragen stehen dann im Raum wie: Soll denn das schon alles gewesen sein? Hat es einen Sinn, so zu leben, wie ich lebe? Wer bin ich überhaupt, wo komme ich her, wie soll es weitergehen? Wer oder was ist das eigentlich, „Gott"? Und: wo finde ich ihn in meinem Leben? Mit diesem Buch zeigen die Autoren einen Weg auf, wie wir mit diesen Fragen – so wie sie sich aus dem täglichen Leben heraus stellen – auch ganz praktisch und alltagsbezogen umgehen können. Die Übungen dieses Buches, die alle auf erprobten Kursen aufbauen, wollen uns dazu verhelfen, im Alltag „mit Gott unterwegs" zu sein.

**echter**